Stb

Selbstliebe bedeutet, sich selbst anzuerkennen, die eigenen Bedürfnisse ernst zu nehmen, gut mit sich umzugehen und die Erfüllung der eigenen Wünsche, Träume und Energien auf dieser Erde selbstverantwortlich in die Hand zu nehmen. Selbstliebe ist weniger ein Gefühl als vielmehr eine Art des Verhaltens. Durch die Meditationen in diesem Buch können Sie mit sich selbst in neuen Kontakt kommen, sich als das liebenswerte und wundervolle Wesen erleben, das Sie sind – ein Wesen, das es verdient hat, mit aller Achtung und Wertschätzung behandelt zu werden.

Susanne Hühn, Jahrgang 1965, ist ausgebildete Lebensberaterin, ganzheitliche Physiotherapeutin und Autorin. Seit mehr als 25 Jahren begleitet sie Menschen auf dem Weg zur Gesundung. Sie gibt Lebensberatung, Channelings sowie Meditationskurse für Erwachsene und Kinder. Mit dem Schreiben begann sie vor über 18 Jahren. Zuerst schrieb sie spirituelle Romane, dann begann sie, ihr Wissen in Selbsthilfebüchern und auf CDs zu vermitteln, die sie mittlerweile in großer Zahl veröffentlicht hat.

Weitere Informationen zur Autorin finden Sie unter:
www.susannehuehn.de

Susanne Hühn

Meditationen zur Selbstliebe

20 Innenreisen für mehr Selbstwertgefühl

Stb

Originalausgabe

ISBN 978-3-8434-4676-1

2. Auflage 2011

Umschlaggestaltung: Murat Karaçay, Schirner,
unter Verwendung des Bildes Nr. 15023947, www.fotolia.de
Redaktion: Tamara Kuhn, Schirner
Satz: Beate Christmann, Schirner

Printed by: Ourdas druckt!, Celle, Germany

www.schirner.com

Inhalt

Vorwort

Liebe Leserin, lieber Leser,

Liebe dich selbst, sonst liebt dich keiner[1] oder *Liebe dich selbst und es ist egal, wen du heiratest*[2] heißen bekannte und erfolgreiche Bücher. Was aber ist das, »Selbstliebe«? Und wie kann man mit Meditationen und Übungen lernen, sich selbst zu lieben? Liebt uns unser Selbst nicht sowieso, sind wir im Kern nicht ohnehin reine Liebe? Und wie können wir lernen, uns selbst zu lieben, wie wir sind? Ist das überhaupt möglich?

Darf ich Ihnen gleich zu Beginn die rosarote Brille abnehmen, weil sie Ihnen auch hier nur die klare Sicht auf die Dinge vernebelt? Sich selbst zu lieben, meint nichts anderes, als das Leben zu lieben und sich selbst in seinen Dienst zu stellen. Sie selbst sind das Leben. Lieben Sie sich selbst, stellen Sie sich weder in den Dienst der Angst noch in den Dienst der Bequemlichkeit, nicht in den Dienst der romantischen Vorstellungen über das Leben und schon gar nicht in

---

1 Goldmann, Irene: *Liebe dich selbst, sonst liebt dich keiner. Ein neues Selbstwertgefühl für Frauen*. Petersberg 2009.

2 Zurhorst, Eva-Maria. *Liebe dich selbst und es ist egal, wen du heiratest*. München 2004.

den Dienst der Vorstellungen anderer – sondern in den Dienst des Lebens selbst, so, wie es eben ist. Es ist ein zutiefst lebendiger, vitaler Vorgang, der weder mit Liebeserklärungen an sich selbst noch mit großartigen Lebensentwürfen daherkommt – es ist ein Dienst am Leben, jeden Tag, ein Weg, kein Ziel.

Wie wir das tun, wie wir dem Leben jeden Tag einen Schritt entgegengehen – nein, wie wir jeden Tag voller Freude und Mut mit dem Leben tanzen können –, das möchte ich Ihnen hier gerne auf die Weise vermitteln, die mir zur Verfügung steht. Ich hoffe sehr, Ihnen damit zu dienen.

Weil ich viele Leser habe, die mit anderen Menschen arbeiten, stelle ich hier auch die Fragen vor, die ich oft höre, denn sicher werden Ihre Kursteilnehmer ähnliche Fragen haben. Ich hoffe, meine Antworten sind hilfreich.

Mit diesem Buch möchte ich Ihnen ein Wohlfühlbuch an die Hand geben. Wir können lernen, uns selbst zu lieben, das meint, wir verhalten uns liebend uns selbst gegenüber. Aber die umfassendste, größte und grundlegendste Liebe dürfen wir einfach so erfahren, ohne etwas dafür tun zu müssen: die Liebe Gottes oder des Lebens zu seiner eigenen Schöpfung. Wir werden bereits unermesslich geliebt. Diese Liebe der Geistigen Welt, seien es nun die Krafttiere, die sich uns zur Verfügung stellen, seien es Engel oder andere geistige Wesen, sei es die große Tierseele, die sich durch ihre irdischen Kinder voll und ganz in unseren Dienst stellt, möchte in dieses Buch hineinfließen. Falls Sie beim Lesen nicht spüren, wie sehr Sie geliebt werden und wie wertvoll Sie sind, liegt es nur an meiner mangelnden Fähigkeit, die Geistige Welt tatsächlich in die Worte einfließen zu lassen. Die Liebe selbst ist da.

Es freut mich sehr, wenn Sie die Texte nach Ihrem Gefühl und Ihren inneren Eingebungen verändern! Nutzen Sie sie also ruhig auch als Übungsmaterial, als Basis für eigene geführte Meditationen oder schamanische Reisen.

Ich schreibe die Meditationen so, dass Sie sie vorlesen können, also in »Du-Form« und mit der Formel »Schließe deine Augen«. Ich weiß natürlich, dass es schwierig ist, diese geschriebenen Meditationen mit sich selbst durchzuführen. Vielleicht lesen Sie sie durch und folgen dann im Nachhinein den inneren Bildern.

Wenn Sie mit Menschen arbeiten, dann sorgen Sie bitte für eine ruhige Atmosphäre, legen Sie entspannende Musik auf oder eine Trommel-CD, falls Sie nicht selbst trommeln wollen (es ist nicht unmöglich, aber es kann ein bisschen schwierig sein, zu trommeln und gleichzeitig eine Meditation vorzulesen). Das Buch möchte Ihnen ausdrücklich Handwerkszeug geben, mit dem Sie selbst Meditationen führen können. Es ist ganz einfach, lesen Sie den Text mit ruhiger Stimme vor, und machen Sie immer wieder eine kleine Pause, damit die inneren Bilder Raum bekommen, sich zu entfalten. Selbst wenn Sie noch nie Meditationen geführt haben, schaffen Sie das, da bin ich sicher. Es ist ganz einfach und natürlich. Selbstverständlich möchte ich mit meinen Texten aber auch Ihnen selbst, Ihrer Seele und Ihrem gelebten Ausdruck auf der Erde dienen, dem Menschen, der Sie sind. So stellen Sie sich bitte nun die Trommeln oder eine ruhige, angenehme Musik vor, ein Lagerfeuer und eine Stimme, die Sie begleitet …[3]

---

3 Vier Meditationen lese ich auch auf meiner CD *Meditationen zur Selbstliebe. Vier Traumreisen für mehr Selbstwertgefühl*. Darmstadt 2010.

Sich selbst zur Seite stehen

Was heißt das, sich selbst zur Seite zu stehen? Nun, Sie wissen sicher, wie es ist, sich selbst zu verurteilen, sich die Fehler und Versäumnisse, die passiert sind, immer wieder vorzuwerfen. Sie wissen ganz genau, wie es ist, sich selbst eben NICHT zur Seite zu stehen. Wenn Sie sich für wenig wertvoll halten, wenn Sie glauben, Sie hätten das Gute, das die Erde und das Leben zu bieten haben, nicht verdient, wenn Sie, statt für sich selbst zu sorgen, lieber leiden oder nur darauf achten, dass es anderen gut geht, dann lieben Sie sich nicht fühlbar.

Sich selbst für einen liebenswerten Menschen zu halten, bedeutet nicht, dass Sie von nun an egoistisch, für andere nicht mehr verfügbar und anmaßend werden. Sie finden sich, wenn Sie sich selbst lieben, nicht unwiderstehlich und super – Sie sind einfach nur bei sich und halten sich selbst die Treue. Es wird Zeit, dass Sie sich selbst liebevoll begleiten, und ich biete Ihnen hier drei Meditationen an, mit denen Sie das bis in jede Zelle hinein tun können.

Natürlich genügt eine Meditation nicht, denn sich selbst zu lieben, bedeutet, immer wieder bei sich selbst zu sein und sich selbst das Beste zu geben – Mitgefühl, Verständnis, Ermutigung, Liebe, Klarheit – eben das, was eine gute Beziehung ausmacht! Es bedeutet, dass Sie immer dann, wenn Sie erkennen, dass Sie sich selbst wieder verlassen haben (was ganz leicht passieren kann), mitfühlend zu sich selbst zurückkehren. Aber eine Meditation kann die Basis schaffen, die Grundlage dafür, dass Sie überhaupt in die Lage versetzt werden, sich selbst zur Seite zu stehen.

In der ersten Meditation segnen Sie Ihre eigene Zeugung, in der zweiten erlösen wir das menschliche Selbst, und in der dritten Meditation können Sie sich anschauen, was Sie womöglich so unruhig und angespannt sein lässt.

Segne deine Zeugung

Mache es dir bequem, setze oder lege dich entspannt hin, es gibt nichts mehr zu tun. Erlaube dir, zur Ruhe zu kommen. Dein Atem darf kommen und gehen, so, wie es ihm gefällt. Schaue ihm einfach nur zu, wie er kommt und geht, sanft fließend kommt und geht, fast wie von selbst – ganz ruhig und gleichmäßig. Du darfst ihn begleiten auf seinem Weg in deinen Körper hinein und wieder hinaus. Nutze deinen Atem, um deine Aufmerksamkeit auf dein Inneres zu lenken, du darfst ganz bei dir sein. Es gibt nun nichts mehr zu tun, du darfst fließen lassen, alles wie von selbst geschehen lassen.

Vielleicht magst du mit jeder Ausatmung loslassen, was dich schwer macht und beschäftigt. Jede Ausatmung reinigt deinen Körper und deine Seele, wenn du einfach alles nach außen abgibst. Mit jeder Ausatmung wirfst du Ballast ab, das schafft Raum für das, was dir wirklich wichtig ist.

Mit jeder Einatmung dagegen nimmst du die Energien und Kräfte auf, die du brauchst, die dich erfüllen und glücklich machen. Du brauchst nicht zu wissen, welche Kräfte das sind, deine Seele weiß es ganz genau.

Vielleicht tut es dir gut, dir diese Energien als Farben, als Licht oder als angenehme Düfte vorzustellen. Atme sie ein, nimm sie in dich auf, und erlaube, dass sie genau dahin fließen, wo du sie brauchst und wo sie dir guttun.

Es gibt nichts mehr zu tun, du brauchst niemandem zu gefallen und es niemandem Recht zu machen, ruhe dich einfach aus.

Nun erlaube, dass vor deinem inneren Auge ein Tor entsteht, vielleicht eine Tür, ein Portal oder eine Spalte in einem Felsen – ein Tor, das dich in die Anderswelt hineinführt, in jene Welt, in der die Dinge viele Bedeutungen haben. Wenn du kein Tor erkennen kannst, dann stelle dir einfach eines vor. Du gehst hindurch und befindest dich tatsächlich in einer anderen Welt, selbst wenn sie dir sehr vertraut erscheint. Hier herrschen andere Gesetze, und die Dinge haben eine andere, tiefere Bedeutung.

Der innere Raum öffnet sich, und du nimmst ein Lichtfeld wahr, ein gesegnetes Energiefeld voller Schöpferkraft und Liebe. Nun bitte die Eizelle deiner Mutter, dir zu erscheinen, oder stelle sie dir einfach vor, die Eizelle, aus der heraus du entstanden bist. Sieh sie dir an, vielleicht ist sie lichtvoll und energiereich, vielleicht aber gibt es dunkle Flecken. Das sind jene Energien, die deine Mutter mit sich herumträgt und die du von ihr übernommen hast. Bitte das Licht der Liebe, diese Eizelle zu reinigen, sie mit Licht und Segen zu erfüllen und sie zu einem vollkommenen Ausdruck des Lebens zu machen. Nimm die Eizelle in deine Hände, und lasse all deine Liebe einfließen, schicke einen Lichtstrahl aus deinem Herzen in die Eizelle, aus der heraus du entstehst. Bitte darum, dass die Eizelle voll und ganz für das Leben zur Verfügung steht, und erlaube, dass sie von allem gereinigt und geheilt wird, was nicht der Liebe dient. Bitte die weiblichen Aspekte deiner Seele, die in diesem Leben zur Erde kommen wollen, in die Eizelle einzufließen, und danke deiner Mutter für diese Zelle. Wie auch immer dein Verhältnis zu deiner Mutter ist, danke ihr für diese eine Eizelle, und nimm das Leben an, das sie dir dadurch zur Verfügung stellt. Vielleicht erkennst du auch, dass die Eizelle so dunkel ist, so mit Schwere behaftet, dass du sie nicht reinigen kannst – oder das Verhältnis zu deiner Mutter ist so schwierig, dass du eine ganz neue Energie zur Verfügung gestellt haben willst. Dann halte die Hände auf, und bitte den Kosmos um eine neue Eizelle.

Nimm sie an, sende all deine Liebe und deinen eigenen Segen und in diese Eizelle, und heiße den weiblichen Aspekt deines Selbst liebevoll willkommen. Bitte darum, dass all die seelischen Anteile, die sich durch diese Eizelle auf der Erde manifestieren wollen, nun einströmen, und sieh, wie sich die Zelle mit deiner Seelenkraft füllt. Nimm die Eizelle in dein Herz oder in dein Hara-Zentrum in unteren Bauch, deiner energetischen Mitte, auf.

Nun wende dich der Samenzelle deines Vaters zu, und segne auch diese. Danke deinem Vater für diese eine Samenzelle, egal wie dein Verhältnis zu ihm sonst auch sein mag. Reinige die Samenzelle von allem, was nicht Licht und Leben ist, und bitte um Segen. Erfülle sie mit Licht und deiner Seelenkraft, bitte liebevoll alle männlichen Aspekte, die durch diese Samenzelle zur Erde kommen wollen, sich in ihr zu verankern. Wenn du erkennst, dass die Samenzelle zu dunkel ist, zu belastet, zu schwer, dann lasse sie los, und bitte den Kosmos, dir eine neue Samenzelle zur Verfügung zu stellen. Nimm sie voller Dankbarkeit an, und erfülle sie mit deiner Fürsorge, deinem Licht. Nimm auch die Samenzelle in dein Herz oder in deine Mitte, als sei sie ein geliebtes Kind.

Nun erlaube, dass sich die mit Seelenkraft erfüllte Eizelle mit der ebenso mit Seelenkraft erfüllten Samenzelle vereinigt. Die Zellen verschmelzen, und die Eizelle nimmt all das in sich auf, was sie braucht, damit neues Leben entstehen kann, den Rest lässt sie los. Und jetzt geschieht das Wunder des Lebens – deine mit Licht und Liebe erfüllten Zellen beginnen sich unter deinem Schutz zu teilen, und dein Körper entsteht ganz neu. Immer weiter teilen sich die Zellen, und jede einzelne ist mit Liebe, Licht und deiner Seelenkraft erfüllt. Mehr und mehr Kraft fließt in dich ein, mit jeder neu entstehenden Zelle bekommst du mehr Raum für deine Seelenenergie. Halte dir selbst die Lichtsäule, gib dir selbst den Schutz, den die Zellen brauchen, damit sie sich in einem geschützten Raum teilen können, und schicke in jede neu entstehende Zelle all deine Liebe. Du selbst bist nun der Hüter deiner Zellen, du sorgst dafür, dass jede Zelle mit Licht und deiner Seelenkraft erfüllt wird, du entstehst neu in deinem eigenen Herzen oder in deinem Bauch, in deiner Mitte, so, wie es sich für dich am besten anfühlt.

Erinnere dich: Deine Zellen teilen sich dauernd, bilden sich immer wieder neu. Von nun an werden sie es voller Licht und Lebendigkeit tun.

Bleibe in diesem Gefühl, bis dein ganzer Körper von dir selbst erfüllt ist, und bringe dich dann mit dieser neuen Energie zurück in den Raum, in dem du dich befindest. Sei herzlich willkommen, geliebtes Kind der Sterne!

Eine häufig gestellte Frage:

»Wenn ich die Eizelle meiner Mutter oder die Samenzelle meines Vaters nicht annehmen kann, weil

sie zu schwer oder zu dunkel ist, lehne ich damit nicht meine Eltern ab?«

Nein. Die Seelen (nicht unbedingt das Bewusstsein!) Ihrer Eltern wissen genau, dass die Last, die Sie übernehmen würden, zu schwer ist und dass es niemandem dient, wenn Sie sie weiter mit sich herumschleppen und damit auf Erden wirksam werden lassen. Alle Energien, die sich in Ihrer Aura befinden, geraten in das Energiefeld der Erde und beginnen, sich zu manifestieren. Mehr als alles andere wollen Eltern (zumindest auf der seelischen Ebene), dass wir glücklich und frei sind, auch wenn sie es vielleicht nicht ausdrücken können oder nicht bewusst in die Tat umsetzen. Es sind ja nicht Ihre Eltern, die Sie ablehnen, sondern die Angst und die Schwere, das alte Erbe. In Wahrheit lehnen Sie auch gar nichts ab, sondern Sie treffen eine neue Wahl. Sie sind bereit, mehr Leben und mehr Liebe zu verwirklichen, und nichts anderes wünschen sich Ihre Eltern für Sie, zumindest auf der Seelenebene. Sie haben Ihnen das Leben gegeben, und je mehr Sie es annehmen können, desto glücklicher werden Sie auf Seelenebene sein.

Frieden für das menschliche Selbst

(Es kann sehr hilfreich sein, diese Meditation auch für das sexuelle Selbst durchzuführen, ersetzen Sie dann bitte einfach die Worte!)

Ruhe dich aus, das ist eine sehr intensive Reise, und es kann sinnvoll sein, dass du dich dabei begleiten lässt.

Mache es dir bequem, und erlaube, dir, auf eine Reise zu gehen – eine Reise zu dir selbst. Zu dem Teil in dir, der verletzt ist, der die Schwere des menschlichen Daseins zu tragen hat und vielleicht nach Hause gehen möchte. Dazu legst du dich hin, schließt die Augen und bittest deine Engel und Krafttiere, bei dir zu sein, dich zu führen, zu schützen und die Heilenergie zur Verfügung zu stellen, die du heute brauchst. Es kann jedes Mal anders sein.

Vor deinem inneren Auge entsteht ein Tor, das dich in die Anderswelt führt, in die Welt, in der die Dinge eine andere, tiefere und symbolische Bedeutung haben – in jene Welt, in der die geistigen Gesetze spürbar verwirklicht sind und in der unser Schöpfergeist wirksam werden kann. Du trittst also durch das Tor hindurch und befindest dich in einer Landschaft, so gesund und kraftvoll, wie du es dir nur vorstellen kannst. Habe keine Sorge, selbst wenn du dir das alles nur vorstellst, wirken die Energien dennoch. Du öffnest die Kanäle einfach durch deine Bereitschaft, dich mit dir selbst zu beschäftigen. So gehe nun in dieser Landschaft spazieren, bitte deine Engel oder Krafttiere, dich zu begleiten und dich dahin zu führen, wo du jetzt gebraucht wirst. Auf einmal kommst du an eine ganz besondere Stelle, einen fast magischen Ort. Es kann sein, dass dieser Ort wundervoll grünt und blüht, dass er märchenhaft schön und zauberhaft ist, aber es kann genauso sein, dass die Pflanzen hier verdorrt sind, dass sich Unkraut breit macht und dass eine pflegende, liebende Hand merklich fehlt. »Willkommen in Reich deines menschlichen Selbst«, sagt dein Engel oder dein Krafttier, und auf einmal bemerkst du eine Gestalt. Schaue genau hin, wie geht es ihr? Ist sie gesund und kraftvoll oder müde, krank oder verbraucht? Es kann sein, dass sie unermesslich schwere Lasten mit sich herumschleppt, eben all das, was du auf deinen vielen, langen Erdenwegen zu tragen versucht hast.

Es kann sein, dass sie voller Wunden ist, sie trägt all das, was dir als Mensch jemals zugestoßen ist. Vielleicht hat sie ihr Herz verschenkt oder geopfert, sicher ist es zerbrochen, vielleicht stecken Waffen in ihrem Herzen oder Rücken, schaue sie dir genau an, und sei auf alles gefasst. Es darf sein, wie es ist, genau deshalb bist du ja hier. Bräuchte das Wesen nichts, wäre dein Besuch nicht so wichtig.

Nun bitte die Engel der Heilung oder die Krafttiere und Helfer, vielleicht auch alle zusammen, sich des Ortes und des Wesens anzunehmen. Schaue, was geschieht, vielleicht gibt es auch für dich selbst genug zu tun. Gehe hin zu dem Wesen, nimm es in den Arm, egal wie es aussieht, und bedanke dich bei ihm für alles, was es für dich trägt und tut. Sage ihm, dass du jetzt seine Schmerzen und seine Liebe erkennst und dass du gekommen bist, um es zu erlösen. Schaue es an, und sage ihm, dass du seinen Schmerz siehst, dass es dein volles Mitgefühl hat und dass es Zeit wird, die Dinge loszulassen und in Frieden zu kommen.

Wenn du dir das menschliche Selbst anschaust, das nun vor dir steht, liegt oder sitzt, wie geht es dir selbst? Bist du voller Ablehnung und Ärger, hast du gar keine Gefühle, keine Beziehung zu ihm, bist du voller Schmerz und Mitgefühl? Lasse es sein, wie es ist, schaue einfach, wie du dich fühlst und wie deine Beziehung zu dem menschlichen Selbst, das für dich auf Erden wandelt, tatsächlich ist. Es kann sein, dass du es verachtest, es verurteilst, wütend bist. Vielleicht ist es sehr dick, hässlich, faul oder trägt andere Eigenschaften, die du dir vorwirfst und die du an dir selbst nicht magst. Schaue es an, und verneige dich vor ihm, egal wie du dich fühlst. Es wird Zeit, anzuerkennen, was es für dich tut, denn es muss alles, was sich deine Seele so voller hehrer Ziele ausdenkt, durchleben.

Erlaube, dass Heilung geschieht. Vielleicht gibt es für dich selbst gar nicht so viel zu tun, dafür hast du deine Engel und deine Krafttiere. Sie heilen das menschliche Selbst, legen es vielleicht in eine Badewanne oder führen es unter einen Wasserfall. Sie ziehen die Waffen aus ihm heraus, rufen Mutter Erde herbei und bitten auch sie um ihre ganz besondere Heilkraft. Diese zeigt sich vor allem in den Heilkräutern, die sie uns schenkt, und dein menschliches Selbst bekommt nun die Kräuter und Kristalle, die es braucht, um heil und gesund zu werden. Alle Teile, die es geopfert hat, finden ihren Weg zurück, ganz besonders das verletzte und geopferte Herz.

Sieh es dir an, und spüre deine Gefühle, schaue, was in dir geschieht, wenn du die Heilung deines menschlichen Selbst erlebst. Auf einmal fragt dein Schutzengel, ob dein menschliches Selbst überhaupt noch auf der Erde sein will, und du bekommst möglicherweise ein mulmiges Gefühl. Denn was bleibt von dir übrig, wenn es die Erde verlassen will? Dennoch bleibst du offen und erlaubst dem menschlichen Selbst, zu sein und zu sagen, was es will. Was immer nun geschieht, ob es die Erde verlassen will oder nicht, verneige dich vor seiner Entscheidung, und vertraue. Nimm ihm die Lasten ab, die es viel zu lange getragen hat, und gib sie deinem Schutzengel, wenn das nicht sowieso schon geschehen ist.

Nun stelle dich ihm gegenüber, und schaue es an. Bitte um Frieden für eure Beziehung, um Frieden für dich und besonders darum, dass dein menschliches Selbst in Frieden sein kann mit dem, was ist. Erlaube, dass dieser Frieden einströmt, einfach, weil du darum bittest. Es ist eine Energie, die dir jederzeit zur Verfügung steht.

Bleibe nun still liegen, und lasse die Dinge geschehen, die geschehen wollen. Heilung geschieht auf Ebenen, die unserem Bewusstsein nicht immer zugänglich sind und das ist auch gut so, denn manchmal verändert bereits das Beobachten eines Prozesses das Ergebnis. Lasse die Dinge sein, wie sie sind, und nimm nur wahr, wie du dich fühlst, falls du überhaupt etwas fühlst. Lasse dein menschliches Selbst nach Hause zurückkehren, wenn es das will, wo immer »zu Hause« auch sein mag. Vielleicht will es gar begraben werden und sich dem Schoß und dem Frieden von Mutter Erde anvertrauen. Alles ist richtig und gut, diese innere Heilarbeit kann sehr drastisch sein. Es ist gut, wie es ist.

Nun bitte die Engel und die Krafttiere, all jene Energien in dich einfließen zu lassen, die du für deinen weiten Weg brauchst, jene Kraft, Zuversicht und irdische Energie, die du brauchst, um dich selbst, dein Licht und dein Stück Himmel auf Erden durch deine Taten zu verwirklichen.

Das kann eine Weile dauern, und es ist nicht wichtig, dass du wahrnimmst, was in dich einfließt. Sage deinem Verstand, dass er es noch nicht kennt und deshalb auch keine Worte dafür finden kann. Bitte deinen Verstand, dich die Energien zunächst fühlen zu lassen und ihre Wirkung zu erleben, bevor er versteht.

Dein innerer Antreiber

Wenn wir uns den inneren Antreiber anschauen, ist es schwierig, sich vorher zu entspannen. Wenn du also diese typische innere Unruhe spürst, dann versuche nicht, sie wegzuatmen oder sie loszuwerden. Im Gegenteil, erlaube ihr, voll und ganz dazu sein. Vielleicht legst du dich hin, machst es dir erst bequem, es kann aber auch sein, dass du so angespannt bist, dass du sofort beginnen willst.

Stelle dir bitte einen Keller vor, eine Art Verlies, wenn du magst. Es wird wahrscheinlich düster und bedrohlich wirken, und das ist es auch. Hier ist es nicht nett, hier blühen weder Blumen noch singen kleine Vögel. Auch die Sonne scheint hier nicht.

Nun mache dich bereit für diesen Keller, nimm dir eine Fackel oder eine Taschenlampe mit, wenn du magst, und traue dich, die steilen Stufen hinunterzugehen. Bitte deinen Schutzengel, bei dir zu sein, und erlaube dir, ihn wirklich an deiner Seite oder hinter dir zu spüren. Nimm dir ein paar Augenblicke Zeit, ihn zu bitten und dich für seine Präsenz zu öffnen, wenn dir das möglich ist. Nun beginne bitte, die Stufen zum Verlies hinabzusteigen. Nimm deine Gefühle wahr, es kann sein, dass es sich bedrohlich anfühlt, das ist es auch. Aber dein Schutzengel ist bei dir. Du brauchst keine Angst zu haben, denn du schaust dir etwas an, was sowieso da ist, einen Teil, der dich unterschwellig antreibt und dich dadurch entmutigt, der dich vom Fließen deiner Gefühle, deiner Liebe und des Lebens selbst abhält.

Tiefer und tiefer steigst du hinab in den Keller, nun ist es schon ziemlich dunkel. Auf einmal stehst du vor einer schweren Tür. Sie ist verschlossen, und du weißt nicht, wie du sie öffnen kannst. Du weißt nicht einmal, ob du sie überhaupt öffnen willst. Dein Schutzengel gibt dir Kraft und spricht dir Mut zu. »Schaue dir diesen Anteil an«, sagt er, »hinter dieser Tür warten sehr viel Liebe, Licht und Lebendigkeit auf dich.«

Nimm dir ein paar Momente Zeit, zu entscheiden, ob du bereit bist, die Tür zu öffnen. Du weißt nicht, was dich erwartet, du weißt nur, die innere Anspannung, das Getriebensein, der Selbsthass, die Angst, nicht gut genug zu sein, wabern von hier aus wie giftige Rauchschwaden in dein Bewusstsein, in deine Gefühle, deine Gedanken und in dein Leben. Wenn du dich entschieden hast, ob du hineingehst oder nicht, dann bitte deinen Schutzengel um Unterstützung. Dein Schutzengel reicht dir nun einen Schlüssel, falls du hineingehen magst, wenn nicht, dann geleitet er dich die Stufen wieder hoch. Dann kommst du zu einer anderen, für dich besseren Zeit wieder.

Du nimmst den Schlüssel, er ist überraschend sauber und glänzend, golden und voller Leuchtkraft. Vorsichtig steckst du ihn ins Schloss und drehst ihn herum. Die schwere Tür lässt sich vielleicht nur mühsam öffnen, aber du hast durch deine Entschiedenheit genug Kraft, sie aufzustoßen. Vielleicht schwingt sie auch, wie von Zauberhand bewegt, von ganz allein auf.

Nun schaue hinein in das Verlies, und nimm deine Gefühle wahr.

Schaue dich um – wie sieht es hier aus? Ist es dunkel und schmutzig oder etwa erstaunlich klar und hell? Befindest du dich wirklich in einem Verlies oder in einer geräumigen Höhle, vielleicht an einem vollkommen anderen Ort? Wie immer es hier aussieht, lasse es einfach, wie es ist, und nimm es nur wahr, wundere dich nicht, es ist genau so richtig, wie es ist. Du weißt vielleicht nicht, wie es hier aussieht, denn du warst hier noch nicht, deshalb sind deine Vorstellungen, falls du welche hast, möglicherweise nicht zutreffend. Vielleicht ist dir der Ort aber auch sehr vertraut. Erlaube dir, es wirklich nicht zu wissen, sondern ganz offen für dich selbst zu sein.

Nun nimm dir Zeit, zu entdecken, ob sich jemand in dem Raum befindet. Vielleicht triffst du hier den am meisten verletzten, beschämten und einsamen Teil deines Selbst, vielleicht auch etwas ganz anderes. In einer Ecke nimmst du eine Bewegung wahr – eine Gestalt, ein Wesen wird sichtbar. Aufgeregt und etwas ängstlich gehst du vorsichtig auf es zu – vielleicht erschrickst du nun.

Dein Schutzengel ist bei dir, wenn du diesem sehr verletzten, angsterfüllten, panischen oder sehr traurigen Wesen begegnest. Gehe nun zu ihm hin, und schaue es an. Lasse dir Zeit, deine Gefühle wahrzunehmen, und gehe achtsam und liebevoll mit dir und diesem Wesen um.

Es kann sein, dass du sehr betroffen oder erschüttert bist, wenn du siehst, wer oder was sich im Keller deines Bewusstseins aufhält. Schaue dir das Wesen an, ist es ein Kind, ein Erwachsener, eine Frau, ein Mann? Ist es krank, liegt es in Ketten, wie nimmst du es wahr? Vielleicht kennst du das Wesen gar, vielleicht bist es du als Kind, vielleicht ist es jemand, den du liebtest und der gestorben ist oder dich verlassen hat?

Vielleicht willst du diesem Wesen gar nicht begegnen, weil es all die Spannungen und die innere Unruhe verursacht. Du spürst nun sehr deutlich, welche Energie von ihm ausgeht und was es in deinem Leben bewirkt. Vielleicht spürst du tiefe Trauer darüber, niemals gut genug zu sein, immer irgendwie falsch, komisch oder schuldig zu sein, vielleicht spürst du all die Scham darüber, dass du nicht so bist, wie du sein solltest, egal ob das stimmt oder nicht. Vielleicht erkennst du, dass du dich im tiefsten Inneren wirklich nicht für liebenswert hältst, spürst die Ohnmacht und die Hoffnungslosigkeit, niemals so sein zu können, wie du sein müsstest, damit du geliebt wirst.

Damit du geliebt wirst … Von wem eigentlich?

Während du dich dem Wesen näherst, beginnst du zu ahnen, um wessen Anerkennung, Liebe und Aufmerksamkeit du vergeblich gekämpft hast, du beginnst zu spüren, wer oder was dich in den Keller verbannt hat.

Erlaube, wenn du willst, dem Wesen, dir seine Geschichte zu erzählen. Lasse dir eine der vielen Situationen zeigen, die dazu geführt haben, dass es sich in diesen Keller zurückgezogen hat oder dass es hier angekettet worden ist.

Nun entsteht vor deinem inneren Auge eine Szene, du erinnerst dich an eine Begebenheit, die das Thema des verschüchterten Wesens beschreibt. Vielleicht hast du dir diese Situation schon sehr oft angeschaut, vielleicht aber erinnerst du dich auch zum ersten Mal. Gehe hinein in die Situation, nimm dich als Kind wahr, als der- oder diejenige, der oder die verletzt und beschämt wurde, und sieh die Situation so deutlich wie möglich. Spüre die Gefühle des Kindes, das du damals wahrscheinlich warst, erlaube dir, wirklich zu fühlen, was du fühlst, es nicht zu erklären oder zu rechtfertigen, fühle es einfach. Das ist deine emotionale Wahrheit, und es spielt keine Rolle, ob deine Gefühle damals als angemessen erkannt wurden oder nicht. Sie waren angemessen, sonst hättest du dich nicht so gefühlt. Nun ist es Zeit, die eigene innere Wahrheit zu erkennen und dir zu erlauben, zu fühlen, was du wirklich gefühlt hast, nicht das, was du hättest fühlen sollen, damit niemand in Schwierigkeiten kommt.

Fallen dir Sätze ein, Beschimpfungen, vielleicht das traurige Kopfschütteln deiner Eltern, mit dem sie dich ansahen? Gerade wenn Eltern »nur das Beste« für ihre Kinder wollen, passiert es sehr leicht, dass sie verzweifeln, wenn das Kind nicht genau so ist, wie es ihrer Meinung nach sein sollte, um erfolgreich, glücklich, gesund oder anerkannt zu sein. Diese Verzweiflung fühlt sich so echt an, dass du wirklich glaubst, du wärst ein hoffnungsloser Fall. Es ist genau dieser hoffnungslose Fall, der hier im Kerker liegt, der Teil in dir, der vollkommen aufgegeben hat, der vielleicht gar sterben will.

Bitte spüre die Situation noch einmal, erkenne deine wahren Gefühle an – und nun betritt bitte als Erwachsener die Szene. Nimm das Kind in den Arm, sage ihm, dass es wundervoll und genau richtig ist, dass du es liebst und von nun an für es sorgst. Sage deinen Eltern oder wer auch immer dich beschämt, verurteilt, gestraft oder beschuldigt hat, dass sie mit ihrer Befürchtung, ihrem Urteil, ihrer Strafe oder Beschuldigung Unrecht hatten, nimm das Kind aus der Gefahrenzone, und versprich ihm, von nun an so für es zu sorgen, wie es das braucht.

Vielleicht kuschelt sich das Kind nun in deinen Arm, vielleicht ist es auch noch unsicher, vertraut dir noch nicht ganz. Lasse ihm Zeit, dieses Kind ist es nicht gewöhnt, dass ihm jemand zuhört, dass es beschützt und geliebt wird. Es hat sich im Mangel und in seiner Einsamkeit eingerichtet, und es braucht deine Geduld und Fürsorge.

Nun nimmst du wieder das Wesen im Kerker wahr. Vielleicht hat es sich schon verändert, richtet sich auf, ist ein bisschen lebendiger geworden. Frage es, was es braucht, falls es bei Bewusstsein ist. Wenn nicht, dann bitte deinen Schutzengel, dir zu sagen, was es braucht.

Nun wird es Zeit, dich um das Wesen zu kümmern. Du kennst seine Geschichte, du weißt, auf welche Weise es in diese Situation geraten ist, hole es nun bitte heraus. Wenn du das nicht kannst, dann bitte deinen Schutzengel und alle guten Kräfte, die dafür zuständig sind, um Hilfe.

Nun schaue, was geschieht, vielleicht verändert sich der Raum, vielleicht trägst du das Wesen aus seinem Verlies ins Licht, vielleicht braucht es zunächst Wärme, Liebe, etwas zu essen, vielleicht schleppt es auch sehr viel Last mit sich herum. Trage es in die Sonne, ins Warme, vielleicht gibt es einen Wasserfall, unter dem es sich reinigen kann, vielleicht schmelzen die Lasten in der Sonne, vielleicht löst es sich auch vollkommen auf. Frage das Wesen, ob es überhaupt noch hier sein will, auf der Erde, und wenn nicht, dann erlaube ihm, heimzukehren ins Reich der Seele, ins Licht. Vielleicht ist es einfach Zeit, dass dieser Teil deinen Körper verlässt, ins lichte Reich deiner Seele zurückkehrt, sich in reines Bewusstsein oder Licht verwandelt, vielleicht gar in einen Engel, in eine kleine Elfe, in das, was es ursprünglich war, bevor es so verletzt und beschämt wurde. Es kann sein, dass dieses Wesen der liebevollste und lebendigste Anteil deines Selbst war und all die Scham und den Schmerz in sich gespeichert hat, damit du irgendwie weitermachen konntest. Doch nun verwandelt es sich, wird erlöst und wird zu dem, was es ursprünglich war.

Von nun an steht dir seine Kraft in erlöster, freier Form zur Verfügung, egal ob es in deinem Körper bleibt oder ins Reich deiner Seele zurückkehrt.

Komme nun mit deiner Aufmerksamkeit in den Raum zurück, in dem du dich befindest, und spüre, wie gut es sich anfühlt, wenn du die Verantwortung für alle deine Aspekte zu tragen beginnst.

Reinigung und Neubeginn

Wie oft haben Sie das Gefühl, mit den Lasten anderer vollgepackt zu sein, ausgesaugt zu werden von dem, was andere von Ihnen wollen? Egal wie oft Sie sich abgrenzen, immer wieder scheinen andere Menschen oder auch Situationen Zugriff auf Sie zu haben. Vielleicht sind Sie einfach müde, wollen sich ausruhen und kommen doch nicht an den Punkt, an dem Sie wirklich loslassen können. Die Reisen in diesem Kapitel helfen Ihnen dabei, einmal wirklich loszulassen. Bitte erschrecken Sie nicht, wenn Sie sich selbst völlig auflösen, alles, was zu Ihnen gehört und Sie ausmacht, KANN sich nicht auflösen und verschwinden. Es sind sehr intensive, reinigende Reisen, die die Kraft der Erde nutzen.

Um es so einfach wie möglich zu halten, werden wir bei diesen Reisen nicht ausdrücklich Helfer oder Krafttiere hinzubitten. Selbstverständlich können Sie sich aber darauf verlassen, dass die geistigen Helfer und Kräfte, die Sie brauchen, um sicher und geschützt zu reisen, bei Ihnen sein werden.

Die Wüste

Mache es dir bequem, setze oder lege dich hin, und schließe deine Augen. Es gibt nichts mehr zu tun, du brauchst niemandem zu gefallen und es niemandem recht zu machen, ruhe dich einfach aus. Nun erlaube, dass vor deinem inneren Auge ein Tor entsteht, vielleicht eine Tür, ein Portal oder eine Spalte in einem Felsen – ein Tor, das dich in die Anderswelt hineinführt, in jene Welt, in der die Dinge viele Bedeutungen haben.

Du gehst durch das Tor hindurch und findest dich in einer traumhaft schönen Wüstenlandschaft wieder. Es ist wundervoll warm, die Sonne scheint, der Sand leuchtet in allen Farben – er ist gold, rosa, orangerot oder gerade so, wie es dir am besten gefällt. Du schaust dich um und erlebst die unendliche Weite, die Freiheit, du kannst bis zum Horizont schauen und darüber hinaus. Wenn es dir angenehm ist, bist du allein, wenn du Gesellschaft brauchst, dann bitte deine Schutzengel, deine geistigen Führer und Lehrer oder auch dein Krafttier zu dir.

Vielleicht bemerkst du auch einige Dromedare oder Kamele, irgendwo zieht eine Karawane vorbei – du spürst die Weite, aber du bist nicht einsam, sondern fühlst dich zutiefst wohl und frei. Du legst dich in den angenehm warmen Sand, dein Körper entspannt sich auf nie gekannte Weise, und du kommst endlich zur Ruhe. Tief atmest du auf, du spürst, es wurde höchste Zeit, dich auszuruhen und alles loszulassen. Auf einmal kommt dir der Gedanke, dass es schön wäre, wenn du all deine Schwere in den Sand fließen lassen könntest. Noch während dir diese Idee kommt, beginnt sich dein Körper aufzulösen – das fühlt sich wundervoll an, zutiefst befreiend und reinigend. Mehr und mehr löst sich dein Körper auf, du spürst das Rieseln des Sandes, du verschmilzt mit dem warmen, sonnendurchleuchteten Sand und wirst eins mit der Wüste. Es gibt überhaupt nichts mehr zu tun, du entspannst dich so tief wie vielleicht noch nie zuvor. Du nimmst dich selbst wahr, vielleicht als Licht oder als reines Bewusstsein, du weißt, wer du bist, und gleichzeitig ist dein Körper eins geworden mit dem Sand. Alles Schwere, besonders alles, was du für andere trägst, alles, was du zu erledigen hast oder was dir das Leben zumutet, ist zu Sand geworden. Du spürst nur noch dich, deine Seele, dein Licht. Du nimmst die Kraft der Sonne in dich auf, dein Lichtkörper tankt Energie und Lebensfreude, und vielleicht tanzt du gar durch die Wüste. Vielleicht aber spürst du auch einfach Ruhe und Stille, so, wie du es heute brauchst. Genieße den Zustand der Ruhe. Ein sanfter Wind kommt auf und lässt den Sand tanzen, ganz leise, es ist nur ein Hauch. Stille und Frieden fließen in dein Herz, du wirst zu Stille und Frieden, du bist Weite und Freiheit. Du dehnst dich aus, wirst zum Himmel, wirst zum Horizont, zum Licht, du bist die Weite dieser unermesslich kraftvollen und traumschönen Wüste.

Du lässt alles hinter dir, alle Schwere, alles, was du trägst, alles, was dich belastet, ist zu Sand geworden, ist eins geworden mit den Dünen, verschmilzt mit der leuchtenden, sonnendurchglühten Wüste.

Für eine intensivere Reise folgen Sie bitte diesem Text weiter:

(Wieder spürst du, dass Wind aufkommt, die Sandkörner beginnen erneut zu tanzen. Der Wind wird jetzt stärker, wird zum Sturm, du spürst die Kraft des Himmels und der Erde, und du weißt, etwas Großes geschieht. Der Sturm wirbelt den Sand immer weiter auf, du hörst und spürst sein Pfeifen. Jetzt beginnt sich der Sand aufzutürmen, er bildet eine Sandhose und fegt mit ungezähmter Kraft über die Wüste, reißt alles mit und schleudert zugleich alles von sich. Du spürst die wilde, ungezähmte Kraft der Natur, und etwas in dir beginnt, zu jubeln. Du wusstest schon immer, es gibt einen Teil in dir, der vollkommen frei und eins ist mit der Erde, vielleicht spürst du ihn heute zum ersten Mal ganz bewusst. Mehr und mehr gibst du dich dem Wirbeln hin, du bist sicher und geschützt und gleichzeitig wild und frei wie nie zuvor. Alles, was sich der Sandhose in den Weg stellt, reißt sie mit sich fort, mit unbändiger, unkontrollierbarer Kraft fegt sie durch die Wüste. Vollkommen gibst du dich hin, vielleicht ist es, als schaust du von außen dabei zu, vielleicht nimmst du den Sandsturm deutlich wahr. Du spürst oder erkennst die ungezügelte Energie und Kraft der Erde, der Natur, und fühlst dich vollkommen sicher und eins mit ihr. Tiefer und tiefer lässt du los, du bist völlig verschmolzen mit der Erde. Nach einiger Zeit legt sich der Sandsturm, der Sand kommt zur Ruhe, und jedes Körnchen findet seinen Platz. Ruhe und Frieden kehren zurück, und die Sonne durchleuchtet den Sand. Traumhaft schöne neue Dünen sind entstanden, sie schimmern golden in der Sonne. Du erlebst die Kraft, mit der sich die Erde immer wieder selbst neu formt und bist überwältigt von ihrer Energie. Du weißt, die gleiche Kraft wirkt auch durch dich.)

(Falls Sie den Text vorlesen: Machen Sie hier so lange eine Pause, wie es Ihrem Gefühl entspricht, es können ruhig ein paar Minuten sein.)

Irgendwann bemerkst du ein Tor, vielleicht ist es aus Licht oder es ist ein stabiles, sichtbares Tor. Du lässt den Sand hinter dir, du weißt, hinter dem Tor wartet dein Körper auf dich, gereinigt, befreit und wie neugeboren. Vielleicht formt er sich auch neu aus all dem Sand. Du gehst oder gleitest durch das Tor hindurch, verlässt die Wüste, doch du weißt, du kannst jederzeit zurückkehren, sie ist nur einen Gedanken weit entfernt. Du nimmst die Stille, die Weite und den Frieden mit, lässt diese Energie in deine Zellen fließen und kommst in aller Ruhe wieder zurück in diese Dimension, in die Mittelwelt, in die Welt der Formen und der Zeit.

Sei herzlich willkommen!

Das Herz der Erde

Mache es dir bequem, setze oder lege dich hin, es gibt nichts mehr zu tun. Erlaube dir, zur Ruhe zu kommen. Dein Atem darf kommen und gehen, so, wie es ihm gefällt. Schaue ihm einfach nur zu, wie er kommt und geht, sanft fließend kommt und geht, fast wie von selbst – ganz ruhig und gleichmäßig. Du darfst ihn begleiten auf seinem Weg in deinen Körper hinein und wieder hinaus. Nutze deinen Atem, um deine Aufmerksamkeit auf dein Inneres zu lenken, du darfst ganz bei dir sein. Es gibt nun nichts mehr zu tun, du darfst alles fließen lassen, alles geschehen lassen, wie von selbst. Vielleicht magst du mit jeder Ausatmung loslassen, was dich schwer macht und beschäftigt. Jedes Ausatmen reinigt deinen Körper und deine Seele, wenn du einfach alles nach außen abgibst. Mit jeder Ausatmung wirfst du Ballast ab, das schafft Raum für das, was dir wirklich wichtig ist. Mit jedem Einatmen hingegen nimmst du die Energien und Kräfte auf, die du brauchst, die dich erfüllen und glücklich machen.

Du brauchst nicht zu wissen, welche Kräfte das sind, deine Seele weiß es ganz genau.

Vielleicht tut es dir gut, dir diese Energien als Farben, als Licht oder als angenehme Düfte vorzustellen. Atme sie ein, nimm sie in dich auf, und erlaube, dass sie genau dahin fließen, wo du sie brauchst und wo sie dir guttun.

Es gibt nichts mehr zu tun, du brauchst niemandem zu gefallen und es niemandem recht zu machen, ruhe dich einfach aus.

Nun erlaube, dass vor deinem inneren Auge ein Tor entsteht, vielleicht eine Tür, ein Portal oder eine Spalte in einem Felsen – ein Tor, das dich in die Anderswelt hineinführt, in jene Welt, in der die Dinge viele Bedeutungen haben. Wenn du kein Tor erkennen kannst, dann stelle dir einfach eines vor. Du gehst hindurch und befindest dich tatsächlich in einer anderen Welt, selbst wenn sie dir sehr vertraut erscheint. Hier herrschen andere Gesetze, und die Dinge haben eine andere, tiefere Bedeutung.

Du befindest dich in einer Landschaft, die dir jetzt, in diesem Moment, guttut, in einem Herbstwald, an einem Sandstrand, auf einer Frühlingswiese – die Erde ist wunderschön, und sicher findest du genau die Natur, die heute zu deiner Stimmung passt. Du bemerkst den Eingang zu einer Höhle – es ist ein Gang, der in die Erde hineinführt. Du betrittst diesen Gang und beginnst, ihn entlangzugehen. Sachte führt er dich in angenehmen Kurven tief in die Erde hinab, und es ist ganz einfach, ihm zu folgen. Du fühlst dich vielleicht sogar überraschend sicher und geborgen, als kehrtest du in den Schoß der Erde zurück. Tiefer und tiefer führt dich der Gang hinab. Er ist sanft beleuchtet, es ist, als schicke die Erde ihre Liebe wie Licht auf deinen Weg. Du fühlst dich immer wohliger, es ist gerade so warm oder kühl, wie es dir angenehm ist. Dieser Tunnel scheint wie für dich geschaffen zu sein, er hat genau die richtige Höhe, ist aus genau dem richtigen Material gebaut – es ist, als schenke dir die Erde deinen persönlichen Weg mitten in ihr Herz. Du nimmst ein Leuchten wahr, fühlst es eher, als dass du es siehst, mit allen Sinnen spürst du das Herz der Erde schlagen. Es hat genau den gleichen Rhythmus wie dein eigenes Herz, und du fühlst dich auf eine vielleicht noch nie gekannte Weise im Gleichklang mit Mutter Erde. Noch ein Stück tiefer führt dich der Gang hinunter – und nun öffnet sich der Raum in eine zauberhaft schimmernde Kristallhöhle. Kristalle in den schönsten Farben und Formen findet du in dieser Höhle, so licht und klar, funkelnd und blitzend, wie du es dir nur vorstellen kannst. Das

Funkeln hat einen ganz bestimmten Rhythmus, und du entspannst dich noch mehr. Dieser Rhythmus ist dir zutiefst vertraut, es ist dein eigener Rhythmus, entspricht deinem eigenen Pulsieren. Es kann sein, dass dir gar nicht bewusst war, dass du überhaupt einen Rhythmus hast, aber jetzt, in diesem Moment spürst du ganz deutlich, dass auch du pulsierst. Du suchst dir einen bequemen Platz in all dem Gefunkel und legst dich hin, erlaubst dem Pulsieren, dich ganz und gar zu erfüllen und zu durchströmen. Du spürst, wie sich dein eigener Rhythmus neu ausrichtet, wie er selbstverständlicher wird. Du spürst, dass es gesund ist, deinen eigenen Rhythmus zu erkennen und dass du die Erlaubnis hast, dein Leben nach deinem Rhythmus zu leben. Deine Zellen werden neu ausgerichtet, das Pulsieren wird immer stärker und bringt dich in ein neues Gleichgewicht. Du erkennst auf einmal sehr genau, in welchen Bereichen deines Lebens ein zu hohes oder zu niedriges Tempo vorherrscht, und du erlaubst dem Funkeln und Leuchten, diese Lebensbereiche zu berühren und neu zu ordnen. Du brauchst nicht zu wissen, auf welche Weise das geschieht, erlaube nur, dass es geschieht. Mehr und mehr spürst du dein eigenes inneres Fließen, und du kommst auf eine Weise zur Ruhe, die du vielleicht vergessen oder noch nie erlebt hast.

Bleibe in diesem Raum, im Herzen der Erde, solange es sich für dich gut anfühlt, und bringe deinen ureigenen Rhythmus und die Ruhe mit, wenn du in deiner Zeit in die Welt der Formen zurückkehrst. Wann immer dich die Welt zu sehr bedrängt, oder wann immer du hinter deinen Zielen herzujagen beginnst, kehre in diesen Raum zurück, und entspanne dich in deinen eigenen Rhythmus hinein.

Wenn Sie sich verloren fühlen ...

... dann sind Sie es womöglich auch. Sie fühlen sich irgendwie gelähmt, wenn es um bestimmte Lebensbereiche geht? Das passiert häufig, wenn wir als Kinder entmutigt worden sind, wenn wir nur selten gelobt wurden oder zu viel tun mussten, was uns keinen Spaß machte und uns überforderte. Wenn Sie den gelähmten Aspekt nicht erreichen können, wenn es sich leer und kalt anfühlt, dann fehlt an dieser Stelle möglicherweise ein Seelenaspekt. Die folgende Meditation kann vielleicht hilfreich sein. (Besonders hilfreich ist oftmals eine getrommelte schamanische Reise, die ich Ihnen hier natürlich nicht anbieten kann. Suchen Sie sich Hilfe, wenn Sie das Gefühl haben, hier mit einer geführten inneren Reise nicht weiterzukommen).

Frage:

»Was sind verlorene Seelenanteile überhaupt? Wie kann ich einen Anteil verlieren?«

Immer wenn wir einen Schock erleiden, ein physisches, emotionales oder spirituelles Trauma durchleben, kann es passieren, dass jene seelischen Energien, die mit diesem Ereignis in Resonanz geraten sind, die es also tragen, ins Dunkle abrutschen. Das heißt, sie verlieren ihr Bewusstsein, werden abgespalten vom bewussten Sein und fallen energetisch ein paar Stufen tiefer, schwingen also langsamer, verlieren ihr Licht – und sind damit für das Bewusstsein nicht mehr so leicht zu erreichen! Natürlich sind sie nicht wirklich verloren, aber für das Bewusstsein sind sie nicht mehr zugänglich, und deshalb fehlen sie. Und genau das ist der Sinn: Wir müssen irgendwie weitermachen, aber dieses Trauma würde uns in einen Schock fallen lassen und in die Handlungsunfähigkeit verbannen. Also wirken die seelischen Selbstheilungskräfte, sie eliminieren das, was schadet, spalten es ab, ziehen die Energie heraus und senden es in die »Unterwelt«, das heißt, in die dem Bewusstsein nicht zugänglichen, unbewussten Bereiche Ihres Seins.

Das ist für eine lange Zeit sehr sinnvoll. Doch irgendwann fehlt Ihnen dieser Aspekt Ihres Bewusstseins, denn er enthält ja nicht nur den Schock, sondern auch eine ganze Menge Lebensenergie, ganz besonders viel Liebe und die Bereitschaft, sich dem Leben hinzugeben. Dieser Aspekt ist meistens der, der am intensivsten fühlt, am liebevollsten und empfindsamsten ist, deshalb hat er den Schock ja so sehr gespürt.

Alle Angaben werden vertraulich behandelt.
* Der Newsletter kann jederzeit abbestellt werden.

Name/Vorname: ______________________

Straße: ______________________

PLZ, Ort: ______________________

Telefon: ______________________

E-Mail: ______________________

Geburtsdatum: ______________________

Bitte senden Sie mir:

- ☐ weitere Informationen aus dem Schirner Verlag
- ☐ den Schirner Newsletter (nur als E-Mail*)
- ☐ das Schirner Seminarprogramm

Diese Karte entnahm ich dem Buch:

____

Würden Sie dieses Buch weiterempfehlen?

____

Vielen Dank!

Das Porto übernehmen wir für Sie!

Antwort

Schirner Verlag
Elisabethenstr. 20 – 22
D-64283 Darmstadt

Wenn Sie ihn aus der Verbannung holen, dann kann es sein, dass Sie den Schock und den Schmerz noch einmal fühlen. Aber im Gegensatz zu früher haben Sie jetzt Werkzeuge für den Umgang damit, zum Beispiel das Werkzeug, sich Hilfe zu suchen! Sie sind erwachsen, das heißt, Sie haben Handlungsspielraum und können dafür sorgen, dass jemand bei Ihnen ist, der Sie auffängt, entweder Sie selbst oder ein Mensch Ihres Vertrauens, ein Therapeut, ein mit inneren Vorgängen vertrauter Freund, ein Priester, falls Sie sich in einer der Religionen zu Hause fühlen.

Lesen Sie bitte die Meditation durch, und holen Sie sich, falls Sie es für nötig halten, Hilfe beim Durchführen. Auch und gerade die Bitte um Hilfe ist ein wichtiger Ausdruck von Liebe zu sich selbst.

Verlorene Seelenanteile zurückholen

Mache es dir bitte ganz bequem, schließe deine Augen, und entspanne dich so gut es eben geht. Es kann sein, dass du dich im Moment nicht besonders wohlfühlst, weil etwas in dir weiß, dass möglicherweise schmerzhafte Erfahrungen auf dich warten, so bitte um die Kraft, mit dem, was kommen will, umgehen zu können.

Stelle dir nun bitte vor deinem inneren Auge ein Tor vor. Bitte dein Krafttier, sei es dir bekannt oder nicht, bei dir zu sein, bitte die Seelenrückholer, seien es Engel, Krafttiere oder andere Wesenheiten, zu deiner Verfügung zu stehen. Es spielt keine Rolle, ob du sie wahrnimmst oder nicht, sei sicher, sie werden da sein, wenn die Zeit reif ist, wieder vollständig zu werden. Dieser Prozess läuft möglicherweise an deiner bewussten Wahrnehmung vorbei, es kann sein, dass du weder Bilder siehst noch Gefühle hast. Gehe weiter, es geschieht, was heute geschehen darf und soll. Durchschreite bitte dein Tor, und triff deine Helfer, deine Krafttiere und deine Schutzengel – all jene Kräfte, die jetzt und hier für dich da sind. Vor deinem inneren Auge nimmst du einen Weg wahr – oder du stellst dir einfach einen Weg vor. Er führt dich durch eine wundervolle Landschaft, du entspannst dich mehr und mehr und fühlst dich sicher und geborgen – denn das bist du. Alles darf sein, wie es ist, alles, was dir begegnet, darf da sein, gehe einfach weiter, oder tue, was zu tun ist.

Falls du Wesenheiten begegnest, die deine Hilfe brauchen, dann frage sie, was du für sie tun kannst.

Tue es, und gehe weiter, lasse dich aber nicht ablenken.

Irgendwann kommst du an ein Tor, es ist verschlossen, und du weißt nicht weiter. Es kann sein, dass es einen Hüter, einen Wächter gibt, vielleicht aber auch nicht. Wenn es einen Wächter gibt, dann frage ihn, ob er dich durch das Tor hindurchtreten lässt, damit du die verlorenen Anteile, die hier und heute in dein Bewusstsein zurückkehren wollen und dürfen, abholen kannst. Es kann auch sein, dass du selbst vor dem Tor warten musst, dass dein Krafttier, deine Engel oder andere Seelenhelfer hineingehen. Was immer geschieht, lasse es sein, wie es ist. Manchmal ist es für einen inneren Prozess wichtig, ihn nicht zu beobachten, sondern ihn einfach geschehen zu lassen. Gibt es keinen Wächter, dann öffne das Tor, oder bitte deine Helfer, es zu öffnen. Lässt es sich nicht öffnen, dann ist heute nicht der richtige Zeitpunkt für diese Reise, oder du sollst sie nicht alleine durchführen.

Schaue nun, was geschieht, kannst du hindurchgehen? Gehen deine Helfer hindurch? Wenn du hindurchgehst, befindest du dich in einer anderen Dimension, sie schwingt niedriger, und es kann sein, dass sie sich nicht besonders gut anfühlt. Das ist einfach so, aber es macht nichts, bitte gehe weiter.

Segne alles, was du siehst, es kann sein, dass sich hier Energien und Seelenteile aufhalten, die nicht zu dir gehören. Bitte die zuständigen Schutzengel und Krafttiere, sich um die Seelen zu kümmern, die sich hier befinden, mehr kannst, aber mehr brauchst du auch nicht zu tun. Gehe immer weiter, und bitte darum, zu deinen eigenen seelischen Aspekten geführt zu werden. Es ist ziemlich wahrscheinlich, dass du nicht besonders viel wahrnimmst, das ist völlig in Ordnung und dient dem Prozess. Es kann auch sein, dass du die Leere und Kälte spürst, die dir so vertraut sind, denn genau hier liegt ja die Ursache dafür. Lege, wenn du willst, die Hände auf die Stellen deines Körpers, in denen du die Leere, die Schwere oder den Druck ganz besonders fühlst, und gehe weiter. Irgendwann spürst du, du bist angekommen, hier befindet sich der Seelenaspekt, den du verloren hast, der sich abgespalten hat, der die Last der Verletzungen und der Schocks auf sich genommen und sich in die spirituelle Unterwelt zurückgezogen hat, damit du weiterleben konntest. Bitte deine Krafttiere und Helfer, diesen Anteil zu erlösen und ihn dir achtsam und vorsichtig zurückzubringen. Vielleicht kannst du auch selbst zu ihm hingehen; wie immer er aussieht, es darf sein, wie es ist. Es gehört zu dir, ob es dir gefällt oder nicht. Bitte um Heilung, rufe die Violette Flamme der Transformation oder Mutter Maria, rufe all die Kräfte, denen du vertraust und die du kennst.

Vertraue, dass geschieht, was geschehen darf und soll, vertraue, dass alles richtig ist, egal wie merkwürdig es dir vielleicht erscheinen mag. Sachte und achtsam strömt der Seelenaspekt zu dir zurück. Stelle dir bitte eine Lichtsäule vor, und frage diesen seelischen Anteil, ob er in deinen Körper, also in das Energiefeld der Erde oder in eine höhere Dimension, zurückkehren will. Es kann sein, dass er zurück in das Reich deiner Seele, also in lichtvollere Bereiche deines Bewusstseins, zurückkehren möchte, es kann sein, dass er sich in Licht auflöst, vielleicht will er auch beerdigt werden und endlich in Frieden ruhen – lasse es sein, wie es ist. Wohin auch immer er gehen will – du nimmst ihn jetzt bewusst wahr, und damit gehört er voll und ganz zu dir, egal in welcher Dimension er sich nun aufhält. Es ist ziemlich wahrscheinlich, dass er nicht in den Körper zurückkehren will, sondern in der Lichtsäule aufsteigt und sich seinen Platz im großen Reich deiner Seele sucht, dass er in seine seelische und geistige Heimat zurückkehrt. Du weißt, du bist ein multidimensionales Wesen und hast nicht nur diesen Körper. So erlaube dem seelischen Teil, dahin zu strömen, wo er so licht und frei wie nur möglich sein kann, damit er heilen kann. Das lichtvolle Aufsteigen ist bereits die Heilung. Bitte darum, dass sich die Schocks auflösen, vielleicht bekommst du innere Bilder, körperliche Symptome oder fühlst Schmerz oder Leere – es ist, wie es ist.

Irgendwann spürst du, dass der Prozess für heute abgeschlossen ist. Vielleicht gibt es noch andere Bereiche, die du heute erlösen darfst, dann gehe weiter, und lasse dich führen.

Vielleicht wird es aber auch Zeit, diesen energetischen Raum zu verlassen, dann durchschreite das Tor, und du befindest dich wieder in deiner Landschaft. Ruhe dich aus, gehe spazieren, oder durchschreite dein Tor in diese Welt, in die Welt der Formen und der Materie – denn hier in dieser Welt kannst du all dem, was du bist und was durch dich zur Erde kommen will, Ausdruck verleihen. Sei gesegnet, und sei willkommen in der Welt der Formen, wie schön, dass du da bist. Du bist ein Stück heiler geworden, hast einen wesentlichen Teil deiner Seele befreit. Wir, die geistige Welt, danken dir von Herzen für deine Bereitschaft zu heilen, denn wir brauchen dein Licht.

Sich selbst vertrauen lernen

Werden Sie schnell eifersüchtig, haben Sie oft Angst, etwas nicht zu schaffen oder alles, was Sie aufgebaut haben, wieder zu verlieren, trauen Sie sich selbst nichts zu, glauben Sie, dass Sie am Ende doch wieder als Opfer mit leeren Händen dastehen?

Dann nutzen Sie die Kraft des Segnens. Wir können nicht verhindern, dass wir verletzt werden, und wir wissen nicht, wie sich die Dinge letztlich entwickeln werden. Wir können aber die Kraft hinzufügen, die gebraucht wird, damit alles gut werden darf, eine der positivsten Kräfte, die das Universum zu bieten hat. Trotz aller Ängste, die wir vielleicht nicht zur Gänze auflösen können, trotz des Wissens um die Vergänglichkeit der Dinge gibt es eine Kraft, die alles zum Guten wenden kann, wenn wir sie rufen. Wir dürfen uns vor unseren eigenen angsterfüllten Gedanken verneigen. Wir alle haben Angst, sind verletzt, vertrauen dem Leben nicht. Belassen wir es dabei. Hören wir auf, an uns selbst herumzudoktern. Es gibt eine Energie, die viel stärker ist als unsere angsterfüllten Gedanken – der bewusste Segen.

Diese Meditation können Sie selbstverständlich auch für andere durchführen, aber bitte, setzen Sie sich erst einmal selbst die Sauerstoffmaske des Segnens auf, bevor Sie anderen Mitreisenden und Kindern helfen …

Sich selbst segnen

Mache es dir bitte bequem, und schließe deine Augen, falls dir diese Meditation von jemandem vorgelesen wird. Es gibt nichts mehr zu tun, lasse los, du brauchst niemandem zu gefallen und es niemandem recht zu machen, nicht einmal dir selbst. Die Engel der Liebe sind bei dir und laden dich ein, dich in einen energetischen Raum der Liebe und der Freiheit, der Geborgenheit und Fülle zu begeben. Deine Erlaubnis genügt. Wenn du das willst, dann eröffnen sie dir jetzt – JETZT – einen Raum der Liebe und des Lichtes. Lasse dich fallen, sinke hinein in diesen Raum, du brauchst nichts zu tun, die Engel sind bei dir und tragen dich. Wenn du nicht an Engel glaubst, dann nimm eine andere Kraft, etwas, was dich trägt und dem du vertraust.

(Ich spüre die geistige Führung nun mal als Engel, aber jedes andere Wort, jede andere Bezeichnung ist genauso gültig.)

Vor deinem inneren Auge entsteht eine Treppe, die nach oben führt, die Treppe des Bewusstseins. Sie hat weiße oder kristallene Stufen, die du ganz bequem gehen kannst, vielleicht ist sie auch golden oder strahlt in verschiedenen Farben – jede Treppe des Bewusstseins sieht anders aus. Du beginnst, die Treppe nach oben zu gehen, fühlst dich getragen und unterstützt, und es fällt dir sehr leicht. Auf jeder Stufe erlebst du eine neue Erkenntnis, sei es bewusst oder unbewusst. Du kannst all die Stufen, deren Bewusstsein dir bereits zur Verfügung steht, sehr leicht nehmen, und du tanzt beinah mühelos diese Treppe hinauf. Beim Hinaufgehen siehst du viele Menschen neben dir, auch sie erklimmen ihre Treppe, und ihre Stufen sehen anders aus. Stufen, die für dich sehr einfach zu gehen sind, bereiten anderen große Mühe, und du hilfst dem einen oder anderen, indem du ihm eine Hand hinstreckst, während du selbst deine Treppe hochgehst. Dafür gehen sie möglicherweise andere Stufen mühelos und helfen dir bei deinem jeweiligen Erkenntnisschritt. Es fühlt sich gut an und leicht, anderen beim Besteigen ihrer Stufen behilflich zu sein oder selbst Unterstützung zu bekommen. Manchmal aber erkennst du auch, dass jemand den Weg alleine gehen muss, zumindest ohne dich, du bist nicht gefragt. Du siehst, dass jeder von Engeln oder anderen Helfern umgeben ist, jeder bekommt Eingebungen, eine hilfreiche Hand oder eine Erkenntnis. Auch Menschen, um die du dir Sorgen machst, sind hier und erklimmen ihre Treppe, einige stehen vielleicht vor einer riesigen Stufe und wissen nicht weiter – schicke ihnen einen Engel, und bete darum, dass sie in einem Moment der Klarheit auf das hören, was ihre geistige Führung ihnen nahelegt. Vielleicht erkennst du auch, dass das, was du für einen wichtigen Schritt gehalten hast, gar nicht das Thema ist; es geht um etwas ganz anderes, und hier ist der Mensch bestens geführt und unterstützt – und du kannst die Sorgen loslassen. Du erkennst sicher auch, dass zwar jeder geführt ist, dass aber nicht jeder auf diese Führung hören will.

Du steigst immer weiter nach oben, die Treppe wird auch bei dir nun steiler und steiler. Noch schaffst du es – doch du musst dich bemühen. Die Engel sind bei dir und helfen dir, und du erkennst, dass geistige Hilfe immer da war, selbst wenn du nicht bewusst darum gebeten hast. Vielleicht bemerkst du, während du die Stufen erklimmst, welche Bewusstseinsaspekte du hier gelernt hast oder zu lernen im Begriff bist.

Doch irgendwann kommst auch du nicht mehr weiter. Die nächste Stufe ist einfach zu hoch, oder sie liegt im Nebel, vielleicht kannst du sie gar nicht erkennen und hast das Gefühl, gegen eine Wand zu rennen. Du kannst dich noch so sehr bemühen, du kannst sie nicht erklimmen, findest keinen Halt, keinen Tritt. Vielleicht spürst du, um welches Thema es geht, welcher Bewusstseinsschritt zu groß ist, welche Erkenntnis dir im Moment fehlt – und nun erinnerst du dich an eine wundervolle Technik: Du bittest um Hilfe und um Segen. Du weißt vielleicht nicht, wen du bitten kannst und auf welche Weise dir die Hilfe zuteil wird, aber du weißt, dass du um Hilfe bitten kannst und darfst. Auf einmal hörst du, wie eine sehr vertraute Stimme deinen Namen ruft. Du schaust nach oben – hoch über dir, auf der nächsten Stufe, erblickst du ein dir sehr bekanntes Gesicht – du schaust dir selbst in die Augen. »Ich bin immer für dich da«, sagt die Stimme, und du fühlst dich zutiefst geliebt und geborgen. Die Engel sind bei dir, ja. Aber du selbst, dein Höheres Selbst, deine Seele und dein Bewusstsein tragen dich in jeder Sekunde. Dein Höheres Ich streckt dir eine Hand hin, zieht dich mühelos nach oben.

Und auf einmal weißt du, was du wissen solltest, auf einmal spürst du den Zustand des Segens, auf einmal erlebst du, wie du innere Grenzen überwindest und wie von selbst Erkenntnisse und Licht in dich einzuströmen beginnen. Auf einmal wird es leicht und einfach, die Dinge fallen an ihren Platz, und du kommst an. Die Stufe, auf die dich dein Höheres Ich gezogen hat, ist eine Plattform, eine Art Hochplateau, auf dem du dich ausruhen und die neuen Erkenntnisse in aller Ruhe verarbeiten und integrieren kannst. Du ruhst dich aus und genießt den Kontakt mit deinem Höheren Ich.[4]

»Ich liebe dich aus tiefster Seele«, sagt dir dein Höheres Ich, »ich bin immer da, und ich führe und leite dich, du weißt doch, wenn du nur eine Spur siehst, dann trage ich dich.« »Aber ich fühle mich oft nicht getragen«, magst du denken oder auch laut aussprechen. »Wir wissen das«, sagt dein Höheres Ich, »du fühlst dich nicht getragen, weil dein eigenes Bewusstsein genau an der Stelle, an der du Hilfe brauchst, sehr niedrig schwingt – deshalb brauchst du ja Hilfe. Gerade da, wo der Segen einfließt, schwingst du selbst niedrig und kannst es deshalb nicht spüren. Verstehst du, könntest du es spüren, bräuchtest du fast keine Hilfe mehr, weil du dann selbst im Zustand hoher Energie wärst. Gerade wenn du nicht spürst und dich wie abge-

4 Ich schreibe bewusst nicht »Höheres Selbst«, denn das ist ein Chakra und bereits ziemlich festgelegt. Ich weiß nicht, wer dir hilft und wer für dich da ist, aber es ist ein Aspekt von dir, ein höherer, liebevoller und sehr bewusster Aspekt deiner eigenen Seele.

schnitten fühlst, sind wir da, denn du spürst nichts, weil du Hilfe brauchst. Verstehst du das?«

Du nickst. Ja, auf dieser Stufe deines Bewusstseins verstehst du das. Tiefer Friede zieht in dich ein, und du weißt dich getragen und geführt, nicht von einer nebulösen Kraft, an die du zu glauben lernen musst, sondern von dir selbst, durch die Kraft deiner eigenen Seele und deines bewussten Seins.

Du bleibst auf dieser Stufe der Erkenntnis und ruhst dich aus, erlebst vielleicht, was das für dein Leben bedeutet, spürst den tiefen Frieden in dir. Bleibe in Kontakt, ruhe dich aus, und wenn du irgendwann mit deinem Bewusstsein wieder in den Raum zurückkehrst, dann nimm das bedingungslose Vertrauen in dich selbst mit. Du weißt jetzt, Selbstvertrauen bedeutet, Vertrauen in das eigene Selbst zu haben, und jetzt weißt du auch, dass du diesem Selbst vertrauen kannst; es ist immer für dich da.

Es ist IHRE Zeit

Sie würden sich ja gern selbst lieben, kommen aber nicht dazu, weil Sie zu viel arbeiten, Rechnungen zu bezahlen haben und sich um Ihre Kinder kümmern müssen? Das verstehe ich sehr gut. Deshalb gebe ich Ihnen hier ein paar kurze Übungen, die Ihnen dennoch das Gefühl geben (wollen), sich so viel Zeit zu nehmen, wie es eben möglich ist. Sie brauchen keine Vorträge darüber, dass Sie selbst verantwortlich sind und sich die Zeit eben nehmen müssen. Das wissen Sie. Jeder weiß das. Und könnten Sie es, würden Sie es ja auch tun.

Wir haben nicht immer den Raum, den wir brauchen, aber wir haben Zwischenräume. Wie ein guter Tänzer auch in einem vollen Ballsaal spürt, wohin er seinen nächsten Schritt setzen kann, auch wenn er nicht perfekt den Vorschriften der Figur entsprechen mag, die er gerade tanzt, so können wir lernen, zu erkennen, wo unsere Zwischenräume sind, in denen wir uns ausruhen können. Meistens spüren wir das auch – aber wir erlauben uns nicht, einmal loszulassen, aus welchen Gründen auch immer. Und darüber lohnt es sich nun doch, ein wenig nachzudenken.

Warum tun wir das, warum laden wir uns so viel

Arbeit und so viele Verpflichtungen auf, dass wir offensichtlich sehr erfolgreich vor der Entspannung flüchten? Klingt das absurd?

Das mag sein. Was passiert, wenn wir uns entspannen? Wir spüren uns. Wollen wir das? Ja und nein. Natürlich wollen wir fühlen, aber nur das Angenehme, nicht das Schmerzhafte. Und warum nicht? Weil wir dann Veränderungen vornehmen müssten – und wer will das schon? Das innere Kind hat eine höllische Angst vor Veränderungen, denn es hat zu oft die Erfahrung gemacht, dass Veränderung Schmerz und Verlust bedeutet. Vielleicht traut es sich auch nicht zu, das zu tun, was nötig wäre, um die Veränderungen überhaupt in Gang zu bringen und sabotiert mehr oder weniger subtil. Auf der anderen Seite – und das klingt zwar widersprüchlich, ist es aber nicht – liebt das innere Kind, der gesunde, unverletzte, neugierige, lebensfrohe Teil in Ihnen, Veränderungen und einen Neubeginn. Es gibt verschiedene Aspekte des inneren Kindes, und sie können sich durchaus gegenseitig in Schach halten und behindern. In Wahrheit ist es natürlich sowieso der innere Erwachsene, der die Dinge regeln sollte, aber das vergessen wir oft. Manchmal ist er auch gar nicht anwesend.

Wenn Sie also zur Ruhe kämen, spürten Sie womöglich Ihre Angst oder Ihr Unbehagen – kann das sein?

Was also sollen wir tun, was kann ich Ihnen anbieten? Kann ich Ihnen zumuten, sich mit Ihren Ängsten auseinanderzusetzen? Irgendwann steht das sowieso an, es ist ein Akt der Selbstliebe, sich mit den Dingen, die sich nicht gut anfühlen, zu beschäftigen. Das wissen Sie auch. Ob Sie das tun oder nicht, steht Ihnen völlig frei, ich will Sie in diesem Buch nicht dazu nötigen. Ich biete Ihnen also eine kleine Übung an, die Ihnen ganz bestimmt nicht wehtut – einen kurzen Momente der Gnade, in dem Sie einfach Kraft tanken können. Ob Sie sich dabei mit sich selbst beschäftigen möchten oder nicht, geht mich nichts an, das ist nicht mein Anliegen, nicht hier.

Eine sehr kurze und deshalb im Alltag leicht durchzuführende Meditation ist folgende:

Das Lichtwesen oder der Engel der Gnade

Nimmst du dir eine Minute Zeit für dich? Danke. Jetzt stelle dir bitte vor, es gäbe einen für dich ganz persönlich wirkenden Engel der Gnade – selbstverständlich kannst du auch die Christusenergie (oder jede andere für dich wirksame Kraft) zu dir bitten. Was immer das für dich bedeutet und in welchen Lebensbereichen auch immer du dir Gnade wünschst, die Energie oder der Engel ist bei dir und steht dir jetzt – JETZT – zur Verfügung. Der Engel bildet einen Kraftplatz auf dem Boden vor dir, einen Lichtfleck, einen Energieort. Du spürst diesen Ort, indem du einfach einen Schritt nach vorne machst – vielleicht auch ein Stückchen zur Seite gehst. Deine Füße wissen genau, wo dieser Kraftort ist. Wenn du das nicht spürst, dann stelle es dir einfach vor. Sich etwas vorzustellen ruft die Energien herbei, so anders als eine »echte« Wahrnehmung ist es also gar nicht. Halte es für möglich, dass es einen Engel der Gnade gibt, und stelle dich jetzt in sein Feld. Lasse dich berühren, wärmen, trösten und stabilisieren – und erlaube, dass ganz unmerklich alles von dir genommen wird, was du für andere trägst. Der Engel der Gnade nimmt es von dir und legt es in die Hände der Schutzengel derer, von denen du es übernommen hast. Es ist ganz einfach, Gnade und Erlösung sind immer nur einen Schritt weit entfernt – gehen aber müssen wir diesen Schritt selbst.

Häufig gestellte Fragen:

»Was ist denn eigentlich Gnade, und wozu brauche ich sie?«

Gnade bedeutet, die herrschenden Gesetze außer Acht zu lassen und im wahrsten Sinne des Wortes Gnade vor geltendem Recht ergehen zu lassen. Die geistigen Gesetze von Karma, Raum und Zeit, die Gesetze der Bewusstseinsentwicklung treten zugunsten eines höheren Gesetzes zurück: dem Gesetz der Gnade. Wenn es also von Ihrer geistigen Führung akzeptiert wird, das heißt, wenn der Bewusstseinsschritt, der ansteht, niedriger bewertet wird (also einfach weniger wichtig ist) als die Erfahrung der Gnade, dann bekommen Sie Ihren Entwicklungsweg erlassen. Und natürlich gehört im höheren Sinne auch die Erfahrung der Gnade dazu, insofern halten Sie sich durchaus innerhalb der geltenden Gesetze auf, aber auch auf einer höheren Ebene. Ganz einfach: Sie selbst wissen, wie schwer es manchmal ist, die Dinge, die anstehen, zu ändern und das entsprechende Bewusstsein zu entfalten, mühsam zu lernen – loszulassen, zum Beispiel. Sie kennen den langen Weg der Seele, den Weg, der Ihnen durch eine Lektion nach der anderen zeigt, an welchen Stellen mehr Liebe und Bewusstsein einfließen dürfen, den Weg, der durch Rückschläge, Prüfungen, aber auch sehr viel Hilfe aus der geistigen Welt gekennzeichnet ist. Sie gehen ihn ja, diesen Weg, sonst hätten Sie dieses Buch gar nicht in der Hand. Gnade meint, Ihnen eine Tapetentür zu zeigen, eine Abkürzung zu gewähren, Ihnen die Erfahrungen und das mühselige Lernen zu ersparen und Sie (Ihre Energie, Ihr Bewusstsein, nicht Ihr Ego) wie durch Zauberhand eine Stufe höher zu heben.

»Darf ich denn für mich um Gnade bitten, stehle ich mich damit nicht aus der Verantwortung?«

Es gibt einen Unterschied zwischen einem lapidaren und unangemessenen »Na ja, ich bitte einfach um Gnade, und dann ist es gut« und einer zutiefst demutsvollen inneren Haltung, bei der Sie die Verantwortung sehr wohl auf sich genommen haben und gerade deshalb, weil Sie wissen, Sie können manches nicht wiedergutmachen, um Erlösung bitten. Es ist ein Zeichen von tiefer Liebe zu sich selbst, zum Leben – und ein Zeichen, dass Sie wieder am Leben teilnehmen möchten, dass Sie die Schuld und die Scham hinter sich lassen und neu geboren werden möchten. Bitten Sie um Gnade, die Geistige Welt ist immer da. Wenn die Geistige Welt spürt, dass Sie diese Energie missbrauchen möchten, wirkt sie nicht, ganz einfach. Wenn Sie achtsam sind, dann spüren Sie beim Gebet um Gnade, ob Sie die Verantwortung tatsächlich zu tragen bereit sind oder nicht. Geißeln Sie sich nicht zu sehr mit Ihren Verantwortungen, Sie gehen einen schwierigen Weg, und die Erfahrungen, die Sie schwer belasten, gehören einfach dazu. Die Geistige Welt ist immer hier, bitten Sie sie einfach um Hilfe und um Gnade.

Irgendwann ist es auch Eigenwille, NICHT um Gnade zu bitten, sondern sich in die Schuld und in die Verantwortung zu verbeißen …

Die Stundenblumen

Kennen Sie die Geschichte von Michael Endes *Momo*? Sie lebt in der Welt der grauen Herren, die den Menschen glaubwürdig versichern, es lohne sich, Zeit zu sparen. Es gibt Stundenblumen, jeder Mensch hat pro Stunde eine, und die grauen Herren versprechen, diese Blumen zu sammeln, wenn die Menschen Zeit zu sparen versuchen und sie ihnen bei Bedarf wieder als lebensverlängernde Maßnahme zur Verfügung zu stellen. Es kommt, wie es kommen muss, am Ende findet Momo heraus, dass diese netten Herren die Stundenblumen all der gutgläubigen Menschen sprichwörtlich in der Pfeife rauchen – sie drehen sich Zigarren daraus.

Sind auch Sie Opfer der grauen Herren, versuchen Sie, Zeit zu sparen? Und, funktioniert es? Oder fühlen Sie sich nicht letztlich immer gehetzter? Es wird Zeit, dass Ihre geopferten Stundenblumen zu Ihnen zurückkehren. Wir können Zeit weder sparen noch aufhalten. Sie läuft einfach, das nennt sich »Leben«. Fordern Sie also Ihre Stundenblumen zurück, und nutzen Sie sie von nun an so, wie Sie es selbst für richtig halten.

Die Stundenblumen

Schließe dazu deine Augen, und stelle dir bitte eine wunderschöne Blume vor, eine Stundenblume. Halte sie verträumt in der Hand, dir war gar nicht bewusst, wie schön diese Blume ist. Du willst sie spüren, daran riechen, dich so lange von ihr bezaubern lassen, wie es nur möglich ist, und das ist auch richtig so. Jede Stunde bringt eine neue Blume hervor, und keine ist wie die andere. Doch auf einmal greift eine Hand nach deiner Stundenblume, und eine Stimme sagt: »Die gehört mir, das bist du mir schuldig.« Erschrocken lässt du die Blume los und weißt nicht, ob das stimmt oder nicht. Wie fühlt es sich an, diese Blume loszulassen? Nicht gut, oder? Und dennoch bist du nicht sicher, ob du überhaupt ein Recht auf deine Blume hast …

Nun bitten wir den Hüter deiner Zeit zu uns, ein Engel oder ein anderes Wesen, es kann eine alte Frau, ein alter Mann oder einfach Energie sein. Frage bitte den Hüter deiner Zeit, ob es in Ordnung ist, dir die Stundenblumen wegnehmen zu lassen, ob du sie jemandem zur Verfügung stellen musst.

Nun sei ganz offen für die Antworten, es kann sein, dass du einige der Blumen tatsächlich teilen müssen, weil du dich selbst dazu verpflichtet hast. Sehr viele aber darfst du ganz sicher behalten und frei darüber verfügen. Wenn dir jemand am Telefon Zeit stiehlt, dann nimmt er deine Stundenblume. Wenn du dich mit etwas beschäftigst, was dich in keiner Weise nährt, dann nimmt dir das kostbare, unwiederbringliche Stundenblumen. Die Welt reißt sich um deine Stundenblumen, sei es die Werbung, seien es sogenannte Freunde oder alles andere, was Aufmerksamkeit und Zeit von dir haben will. Die Stundenblumen sind dein kostbarstes Gut auf Erden, und das spürst du jetzt sehr deutlich. Sie berühren mit ihrer Schönheit und Verletzlichkeit, aber auch mit ihrer Stärke und unermesslichen Anmut dein Herz und deine Seele. Auf einmal wird dir klar, wie viel Zeit du dir stehlen lässt, und du spürst vielleicht Trauer oder Ärger – aber nur kurz.

Denn nun geschieht ein Wunder. Plötzlich erscheint eine Lichtsäule, du trittst ein – und ein Blütenregen schwebt auf dich hinab. All die Zeit, die andere dir gestohlen haben, all die Stundenblumen, die du wider besseres Wissen und gegen dein Gefühl weggegeben hast, strömt und strömen zu dir zurück. Vielleicht schwebt auch nur eine einzige Stundenblume zu dir herab, als Symbol für alle anderen, eine ganz besonders schöne und große Blüte. Es kann ein sehr kraftvoller und wilder, aber auch eine sehr heiliger und stiller Moment sein.

Denke nun bitte an etwas, was dir wirklich Freude bereitet und wozu du nie Zeit hast. An einen lang gehegten Wunsch, etwas, was du tun würdest, wenn du endlich Zeit, Geld oder was auch immer hättest. Sei es, in aller Ruhe endlich ein Buch zu lesen, sei es, Zeit mit deinen Kindern (oder, wenn du dich selbst als Kind wahrnimmst, mit deinen Eltern oder Geschwistern) zu verbringen, singen oder reiten zu lernen, den Wellen des Meeres zuzuschauen, mehr Zeit mit einem geliebten Menschen oder Tier, den oder das du verloren hast, zu erleben. Es spielt keine Rolle, ob es überhaupt möglich ist, das zu tun, JETZT ist es möglich. Das Bild steigt vor deinem inneren Auge auf, lasse los, erlaube der Situation, zu sein, wie sie ist, auch wenn sie anders sein mag, als du erwartet hast. Die Stundenblumen wissen selbst am besten, wo sie blühen und duften wollen. Und nun schicke deine zurückgekehrten Stundenblumen in das innere Bild. Verbringe die Zeit, die dir zurückgegeben wurde, mit dem, was du in Wahrheit tun wolltest.

Spürst du, wie etwas in dir aufatmet und leichter wird, wie Ohnmacht und Wut verschwinden und wie Frieden einkehrt? Achte von nun an auf deine Zeit, aber wenn sie dir doch abhanden kommt, weißt du nun, wie du sie zurückgewinnen kannst. Es ist nun mal deine Zeit, und wenn du deine Stundenblumen zurückrufst, dann kommen sie, es geht nicht anders.

Was Ihnen Kraft gibt

Wissen Sie, welche Energie Ihnen hier auf Erden Kraft gibt, was Sie fest und sicher stehen lässt? In der nachfolgenden Meditation möchte ich Ihnen diese Kraft zur Verfügung stellen. Zunächst bekommen Sie die Energie, die Sie brauchen, um sich fest verankert zu fühlen, in der zweiten Meditation finden Sie einen guten und sicheren Platz in Ihrem Körper, an den Sie sich zurückziehen können, wenn Sie Ruhe brauchen. Oft treten wir, wenn wir überfordert sind, aus uns selbst heraus und verlassen damit genau den Raum, in dem wir die Kraft finden könnten, die wir brauchen, um die Situation zu meistern. In dieser Meditation nun verankern wir uns an einem guten Platz in unserem Körper. Egal wie verletzt wir sind und wie sehr wir uns von unserem Körper abgetrennt haben, es gibt bei fast jedem von uns einen Platz, und sei es auch nur eine einzige Zelle, in der wir uns gut fühlen – von hier aus können wir neu starten. Gibt es diesen inneren Platz nicht, dann suchen Sie sich BITTE professionelle Hilfe.

Was dir Kraft gibt

Mache es dir bitte wie immer ganz bequem, schließe deine Augen, nachdem du diese Meditation gelesen hast, oder bitte jemanden, sie dir vorzulesen und dich zu begleiten. Es gibt nichts mehr zu tun, du brauchst niemandem mehr zu gefallen, lasse los, und fühle dich so frei, wie dir das möglich ist. Vor deinem inneren Auge entsteht eine Lichtsäule, entweder spürst du Wärme und Licht, oder du stellst dir einfach vor, es gäbe eine Lichtsäule. Sie ist fest in der Erde verankert und reicht bis in das höchste Bewusstsein des weißen Lichtes. Du trittst ein, und augenblicklich fällt alles, was nicht zu dir gehört, von dir ab, ganz leicht, sei es dir bewusst oder nicht. Innerhalb dieser Lichtsäule gelten andere Gesetze, du bekommst das Geschenk der Gnade und wirst von allem befreit, was dir jetzt nicht mehr dient. Die emotionalen Verträge, die du mit anderen geschlossen hast, lösen sich auf, du wirst von Flüchen jeder Art befreit, alle Verstrickungen, seien sie weiß- oder schwarzmagischer Natur, seien sie selbst verursacht oder in einem Moment der Schwäche über dich verhängt worden, lösen sich hier in diesem Licht auf. Es ist das Licht der Gnade, und alles, was jetzt und hier erlöst werden darf, wird hier und jetzt erlöst, dein Bewusstsein erhöht sich ganz deutlich, und du spürst sehr klar, was wesentlich ist in deinem Leben und was nicht. Für einen Moment erlebst du deine Energie vollkommen frei von Zweifeln und Ängsten, für einen Moment spürst du die unermessliche Kraft deines eigenen Seelenstrahles. Für einen Moment erlebst du dich selbst, dich, wie du bist, wenn du voll und ganz du selbst bist, frei von allen nicht dem Leben dienenden Energien, frei von allem Ballast, frei von Angst. Du bleibst in dieser Lichtsäule und spürst dich selbst so lange es dir möglich ist. Dieser Moment der Gnade dehnt sich aus, und du erlebst dich als das lichtvolle geistige Wesen, das du in Wahrheit bist. Du erlebst, wie einzigartig und unverwechselbar deine Energie ist, wie wertvoll und wichtig das, was du auf Erden verwirklichen willst, für die Schöpfung ist. Alle Vergleiche mit anderen hören auf der Stelle auf, denn du erkennst deine eigenen Farben, hörst die Melodie, die durch dich zur Erde kommt und spürst das summende Licht, die Kraft, die dich nicht nur trägt, sondern die du BIST.

Während du in deiner Kraft stehst, in deiner Lichtsäule erlebst, wer du in Wahrheit bist, erkennst du auf einmal, dass sich ein Tor aus Licht gebildet hat. Die Energie ändert sich deutlich, und du spürst, dass du eine Entscheidung treffen musst. Wenn du durch dieses Tor hindurchgehst, dann verankerst du dich stabiler und fester in der Erde, als du im Moment vielleicht abschätzen kannst, du verpflichtest dich, mit ganzem Herzen auf der Erde zu sein. Es kann sein, dass du nicht einmal weißt, was damit überhaupt gemeint ist. Spüre nun bitte, ob du bereit bist, durch dieses Tor hindurchzugehen. Schaue, ob es einen Helfer, ein Krafttier oder einen anderen Vermittler zwischen dir und der Erde gibt, und lasse dich, wenn es für dich stimmig ist, durch das Tor hindurchführen.

Du trittst durch das Tor hindurch – und befindest dich auf einmal in einem energetischen Raum, einer Höhle, einem Lichtball, mitten in einem Feuer oder an einem anderen, sehr kraftvollen Ort.

»Willkommen in deinem Erdchakra«, sagt eine Stimme, und du erkennst ein Wesen der Erde – ein Tier, einen Troll, einen anderen Naturgeist oder dein eigenes menschliches Selbst. Vielleicht spürst du es auch mehr, als dass du es sieht.

Von hier aus führt ein Gang tief in die Erde hinein, und das Erdwesen führt dich hinab. Die Energie wird immer kraftvoller und roher, es kann sein, dass sie sehr ungewohnt ist, vielleicht aber auch vertraut, je nachdem, wo sich deine natürliche Schwingung am wohlsten fühlt. Auf einmal kommst du an ein zweites Tor, zwei Drachen bewachen es. Sie schauen dich an und fauchen, es hört sich an wie ein Donnergrollen tief aus der Erde. Das Wesen, das dich begleitet, ist bei dir und sagt dir, dass nichts passieren kann; die Drachen prüfen dich, das ist ihre Aufgabe. Bist du nicht bereit, lassen sie dich nicht hindurch. Plötzlich speien sie Feuer, sie errichten eine Feuerwand, und du weißt, du musst diese Feuerwand durchschreiten, wenn du in deiner eigenen Kraft ankommen willst. Es kann sein, dass du spürst, dass heute nicht der richtige Zeitpunkt ist, dann kehre um, und komme ein anderes Mal wieder. Dein Helfer weiß, was zu tun ist und ermutigt dich entweder, einen Schritt in das Feuer hineinzugehen oder er bedeutet dir, den Weg zurück zu beschreiten. Es ist, wie es ist, und es ist genau richtig.

Wenn du spürst, dass es Zeit ist, deine Feuerwand zu durchqueren, dann tritt hinein in das tosende Drachenfeuer. Augenblicklich erfasst es dich und verbrennt alles, was alt ist und nicht mehr zu dir gehört, es tobt und braust in dir und verändert dich nachhaltig und unwiderruflich. Alles Erstarrte, Unechte, Geschockte, Gelähmte und Halbherzige wird aus dir herausgebrannt, es überlebt das Drachenfeuer nicht. Nur das Echte, das, was dich tatsächlich ausmacht und was du BIST, kann in diesem Feuer bestehen, und nun verstehst du auch, warum es möglicherweise noch zu früh für dieses Feuer ist: Hast du noch nicht genug eigene Kraft entwickelt, bleibt nicht genug von dir übrig, und du verglühst im Feuer. Du spürst die immense, unendliche Energie und erlebst dich selbst, wie du dich vielleicht noch nie gespürt hast. Das reine, pure Leben durchdringt dich, hüllt dich ein und verbrennt alles, was nicht echt ist. Deine Vermeidungsstrategien, deine Ausflüchte, deine Ängste – all das zerfällt zu Asche, und nur das, was dem Feuer der Drachen standhalten kann, bleibt von dir übrig. Dieses Feuer ist nicht zu vergleichen mit der transformierenden Kraft der Violetten Flamme, das Drachenfeuer ist tödlich, wenn du nicht bereit bist, und das weißt du. Die Erde ist kompromisslos, und wenn du nicht in der Lage bist, dich voll und ganz einzulassen, dann verbrennst du.

Während du im Feuer stehst, erkennst du mehr und mehr, was dich in deinem Leben trägt, was dir irdische Überlebenskraft gibt. Es können Tiere sein, Kinder, deine Beziehungen, die Natur oder etwas ganz anderes. Du spürst sehr deutlich, was zu tun ist, damit du Kraft hast, erlebst, was dich weitermachen lässt, egal was das Leben dir zumutet. Vielleicht erkennst du auch, dass dir die Kraft zum Weitermachen fehlt – und nun geschieht ein Wunder. Das Feuer der Drachen verändert sich, wird zu genau der Energie, die deinem Wurzelchakra fehlt. Alles, was du brauchst, damit du mit einer gesunden Aggression, deiner Tatkraft, deinem inneren Feuer und einer kompromisslosen Selbsterhaltung durch dein Leben gehen kannst, stellen dir die Drachen zur Verfügung. Die Drachenkraft fügt sich in dein System ein, sie strömt an die Stellen, an denen sie fehlt. Die Drachenkraft ist reine Erdkraft, Feuerkraft, Wasserkraft, Luftkraft. Was immer du brauchst, wird in genau der Stärke, die dir guttut und die deine Seele auf die ideale Weise dabei unterstützt, sich auf Erden zu verwirklichen, zu deiner Verfügung gestellt.

Du fühlst dich kraftvoller und mehr geerdet, als du es vielleicht jemals bisher erlebt hast. Deine Seele wird auf sehr sanfte Weise in deinen Körper gezogen, und alle Seelenanteile, die auf Erden wirksam werden wollen, verankern sich durch die neue Drachenkraft in deinem Körper.

Du verneigst dich vor den Drachen und bedankst dich, durchschreitest das Tor und betrittst eine vollkommen neue Welt – dein neues Leben, neue Möglichkeiten, vielleicht eine neue Liebe, neue Fähigkeiten – du spürst, du hast jetzt all die Kräfte, die du brauchst, damit du deine Bestimmung voll und ganz auf Erden verwirklichen kannst. Du bist dir sehr darüber im Klaren, was dir die Kraft zum Weitermachen gibt, und du entscheidest dich, diese Kraft viel bewusster zu nutzen.

Der innere Wohlfühl-Raum

Entspanne dich, so, wie dir das jetzt möglich ist, lasse dich atmen, und lasse dich sein, wie du gerade bist. Alles an dir ist willkommen, du darfst mit allem sein, was gerade in dir ist. Es gibt nichts mehr zu tun, du brauchst niemandem zu gefallen, und du brauchst es niemandem recht zu machen.

Atme nun bitte bewusst immer weiter in deinen Körper hinein, und erlaube dir, einen Raum, einen inneren Ort, eine Körperstelle zu finden, an der du dich sicher und geborgen fühlst. Vielleicht ist es dein Herz, vielleicht dein Bauch, dein Kopf oder dein Fuß – bitte deinen Körper, dich auf jene

Stelle aufmerksam zu machen, die dir Ruhe und Frieden anbietet. Atme in diesen Ort hinein, und stelle ihn dir vielleicht wie eine Höhle vor, wie einen lichtvollen Raum, wie ein wunderschönes Zimmer oder einfach wie einen guten Ort in deinem Körper. Spüre noch einmal, dieser Raum befindet sich in deinem Körper, und er ist bereits vorhanden, es ist ein Potenzial, das du bereits in dir trägst. Mehr und mehr erlaubst du dir, in diesen Körperteil zu gehen. Ziehe all die Energien, die sich bei anderen befinden, in diesen inneren Raum zurück, hole sie dir wieder in den Körper. Erlaube dir ausdrücklich, alle Energien, die sich nicht wohl fühlen, zu dir zurückzuholen, ziehe sie in jene Stelle deines Körpers, in der du dich entspannen kannst und sicher bist. Nimm dir viel Zeit dafür, ziehe all deine Chakren und Energiezentren, durch die du andere so sehr nährst und durch die du so viel von anderen aufnimmst, in dich zurück. Sammle deine Energien ein, besonders jene, die sich an Orten befinden, an denen du dich nicht gut fühlst. Ziehe sie in den sicheren und sich gut anfühlenden Raum deines Körpers zurück. Du wurdest geboren aus einer einzigen Zelle heraus, aus der Eizelle, die mit der Samenzelle verschmolz. Ziehe dich in diesen Raum, an diesen Punkt zurück. Ziehe deine Kräfte aus allem heraus, aus all deinen Angelegenheiten, besonders aus den Angelegenheiten anderer, zieh sie auch für eine Zeit lang von den Menschen ab, die du liebst. Wenn du Kinder hast, so folge hier ganz deinem Gefühl, lasse die Verbindung, die sich gut und liebevoll anfühlt, bestehen, damit deine Kinder nicht in ein energetisches Loch fallen. Erlaube dir wirklich ausdrücklich, ALL deine Energie in dich zu ziehen, in den sicheren Raum in deinem Körper hinein.

Schließe nun deine Sinne. Ziehe dich noch ein Stück mehr in den Raum in deinem Körper zurück. Lege vielleicht die Hände auf diesen Punkt, falls das bequem möglich ist. Sei ganz und gar bei dir, in deinem Körper, an dem sicheren und angenehmen inneren Ort. Nun erlaube, dass dieser Ort in dir größer wird, dehne ihn aus, so weit, wie das bequem und angenehm möglich ist. Dehne den Raum in dir, an dem du dich befindest und dich gut und sicher fühlst, weiter und weiter aus, mühelos und leicht. Vielleicht bleibt der Ort auch sehr klein, das ist vollkommen in Ordnung. Bleibe nun an diesem sicheren Ort in deinem Körper, öffne dich gerade so weit, wie es für dich im Moment gut und richtig ist. Ruhe dich aus, und spüre dich selbst noch ein wenig, du wirst wahrscheinlich schnell genug wieder überall verstreut sein. Nutze die Zeit, ganz und gar bei dir, in deinem Körper, zu sein, und genieße deinen inneren Raum. Du hast die ausdrückliche

Erlaubnis, dich so weit und oft in dich selbst zurückzuziehen, wie du das willst, es ist dein Raum, deine Energie und dein Körper.

Wisse, du hast diesen guten und friedvollen Platz in deinem Körper, und wann immer du nun neben dir zu stehen scheinst, weißt du, wohin du dich zurückziehen kannst. Damit bist du jederzeit sicher und geschützt.

Was Sie nährt

Sich selbst zu lieben, bedeutet vor allem, dass Sie sich selbst mit allem versorgen, was Sie brauchen, um in einem kraftvollen Energiefeld zu stehen. Ich biete Ihnen hier eine Meditation an, in die Sie immer jene Energien rufen können, die Ihnen gerade in diesem Moment fehlen, auch wenn Sie nicht genau wissen, welche das sein mögen. Es ist eine sehr allgemein gehaltene Meditation, die Sie immer dann anwenden können, wenn Sie etwas brauchen, ohne genau zu spüren, was Ihnen eigentlich fehlt … Möge sie Sie nähren und Ihnen dienen.

In der zweiten Meditation lernen Sie, Ihren Körper mit anderen Augen zu sehen und ihn liebevoll wahrzunehmen. Der Körper ist die Projektionsfläche für so vieles – wir sind nicht schön genug, nicht sexy genug, wir sind zu groß, zu klein, zu dick oder zu dünn – irgendwie einfach falsch.

In dieser Meditation erleben Sie Ihren Körper von innen, Sie lernen Ihr Körperbewusstsein kennen und erfahren seine wahre Kraft. Diese Meditation ist sehr lang, und dennoch umfasst sie bei weitem nicht alles, was möglich ist. Wenn Sie in die Landschaft Ihres Körpers eintreten und mit dem Bewusstsein des Körpers kommunizieren, ist alles möglich. Nehmen Sie sich immer wieder neu Zeit, Ihr Körperbewusstsein kennenzulernen, gerade wenn Sie Ihren Körper nicht so sehr lieben, wie er das verdient hätte. Lassen Sie sich bitte besonders die zweite Meditation vorlesen, und nehmen Sie sich Zeit dafür.

Was dich nährt

Entspanne dich, atme tief durch, lehne dich zurück, und schließe deine Augen. Stelle dir bitte vor, in deiner Hand liegt ein kraftvoller goldener Ball, ein Stern, eine Kugel oder ein Herz. Dieser goldene Gegenstand oder diese Energie leuchtet und strahlt mehr als alles, was du bisher gesehen hast. Gleich spürst du, wie warm und angenehm sich das anfühlt. Jetzt beginnt auch deine Hand, golden zu leuchten.

Dieser Stern, dieses Herz, diese Energie hat die Fähigkeit, dich zu nähren, dir genau die Kraft zu geben, die du gerade brauchst, auch wenn du nicht weißt, was das sein könnte. Diese Energie ist sehr weise und mit deiner Seele verbunden, sie bringt dir genau die Aspekte, den Schutz und den Trost, die du in jenem Moment gerade brauchst. Halte nun den goldenen Lichtgegenstand vor dein Herz, und sieh, wie er mit all seiner nährenden Kraft in deinen Körper hineinströmt. Dieses Licht erfüllt dich mit allem, was du brauchst, um dich ruhig, getröstet und entspannt zu fühlen, ausgefüllt und voller Vertrauen.

Nimm dir jetzt bitte Zeit, das Licht einfach wirken zu lassen, spüre, wo es am meisten gebraucht wird, wahrscheinlich in Teilen deines Körpers, die du normalerweise nicht spürst oder bemerkst. Lasse all deine Ideen darüber, was du brauchst, los, und erlaube dem Licht, dir zu geben, was du WIRKLICH benötigst.

(Sollten Sie diese Meditation vorlesen, lassen Sie jetzt bitte wirklich Zeit, damit das Licht seine Wirkung entfalten kann.)

Es fließt in all deine Zellen, in all deine Auraschichten und entfernt sorgfältig und achtsam alles, was dir nicht mehr hilfreich und dienlich ist. Das geschieht ganz von selbst, das Licht ist bei dir, und es gibt nichts für dich zu tun. Es nährt und erfüllt dich, richtet dich neu aus und füllt die Energielücken auf, die entstanden sein mögen, weil du dich zu sehr um andere kümmerst. Alles, was dich dein Weg auf Erden gekostet hat, strömt nach und nach zu dir zurück, all die Liebe, das Glück, das Leben. Das Licht bringt dir alles, was zu dir gehört, egal wie lange du es schon vermisst. Durch alle Zeiten, Räume und Dimensionen hinweg füllt es dich auf und lässt all deine Aspekte in dich zurückkehren, gereinigt, geheilt und mit neuem Bewusstsein versehen. Das Licht, das Herz oder der Stern verankern sich nun in deinem Herzen und bleiben hier, wirken weiter, während du dich wieder deinem Alltag zuwendest. Du brauchst dich von nun an nur daran zu erinnern, dass diese Kraft in dir wirkt.

Das Bewusstsein deines Körpers

Lege dich bitte hin, und mache es dir bequem. Atme ein paar Mal tief durch, schließe deine Augen, lasse dich in dich selbst hineinfallen, lasse los … entspanne dich …

Stelle dir bitte die Lichtsäule vor, tritt hinein, lasse dich durchströmen von klarem, reinem Licht, von einer stabilen, hohen Frequenz der Klarheit, der Liebe und der Zuversicht.

Alles, was schwer ist, steigt in dieser Lichtsäule nach oben auf, du fühlst dich freier und lichter, wirst gereinigt und von kraftvoller Leichtigkeit durchströmt. Nun bitte deinen Körper, dir ein inneres Bild zu schicken, eine Landschaft, die ihn spiegelt. Einen Garten, einen Park, ein wildes Gebirge oder ein zerklüfteter Felsenstrand – schaue, was sich dir zeigt. Wenn du keine inneren Bilder sehen kannst, dann stelle sie dir einfach vor – wie würdest du die innere Landschaft deines Körpers am liebsten sehen?

Nun schaue dich bitte um. Wo befindest du dich? Gefällt dir die Landschaft, ist sie gesund oder braucht sie ein bisschen Unterstützung und Pflege?

Bitte die Kräfte der Natur, dich zu unterstützen, bitte um Regen, wenn Trockenheit herrscht, lasse die Sonne scheinen, wenn die Landschaft zu dunkel ist. Bitte um Heilung für alles, was geheilt werden kann und darf. Wie fühlt es sich an, wenn Energie einfließt, Lichtkraft oder Erdung? Was verändert sich dann?

In einiger Entfernung bemerkst du eine Wesenheit – das Bewusstsein deines Körpers. Es ist vielleicht ein menschliches Wesen, vielleicht eher ein Licht, ein Krafttier – welche Gestalt auch immer es angenommen hat, schaue, ob es dich bemerkt und wie es ihm geht.

Frage es, was es braucht, wie es ihm geht und ob es sich genügend gesehen und gewürdigt fühlt. Setze dich bitte zu ihm, und höre ihm zu. Gib ihm Raum, dir zu sagen, was du endlich hören solltest, sieh dir die Schwere und die Trauer an, die dein Körperbewusstsein womöglich trägt. Vielleicht ist es auch sehr licht und fröhlich; es ist, wie es ist, und jedes Mal wirst du andere Erfahrungen machen, je nachdem, welcher Aspekt gerade gesehen werden will.

Bitte nun dein Körperbewusstsein, dir zu zeigen, was ihm Kraft gibt und ob es ein Krafttier an seiner Seite hat. Wenn nicht, dann rufe bitte das Krafttier deines Körperbewusstseins.

Gibt es Stellen in deinem Körper, die dir besonderen Kummer bereiten, die du nicht magst oder die schmerzen? Vielleicht bist du in einigen Bereichen deines körperlichen Lebens unerfüllt, sei es im Herzen oder sei es in der Sexualität. Bitte dein Körperbewusstsein, dich nun an die Stellen in deiner Landschaft zu führen, die dir Schwierigkeiten bereiten. Schaue dich um. Was ist nötig, damit Heilung geschieht? Was fehlt, was braucht es, was ist zu viel? Vielleicht sind Energien und Wesenheiten eingeschlossen und festgehalten, die hier nun wirklich nichts zu suchen haben, vielleicht gibt es Energiefresser, die dir immer wieder Kraft rauben, vielleicht ist die Landschaft hier karg und öde.

Vielleicht gibt es gar einen Friedhof in dieser Landschaft, eine Müllkippe, oder vielleicht erkennst du, dass jeder, der hier spazieren geht, seine Abfälle in die Natur wirft. Abgesehen davon, dass sowieso niemand hier spazieren gehen darf, wenn du es nicht ausdrücklich erlaubst, wird es nun also Zeit, aufzuräumen und deine Landschaft zu schützen. Nimm dir bitte Zeit, und räume auf, richte alles so her, dass es dir gefällt und dass es im wahrsten Sinne des Wortes in Ordnung ist. Bitte deine Selbstheilungskräfte, zu wirken, und schaue ihnen zu – spürst du, wie sehr du ihnen vertrauen kannst? Sie wissen genau, was zu tun ist. Gibt es Bachläufe, eine Quelle? Ist sie gesund, oder fließt sie nicht mehr so richtig? Dann reinige sie, räume alles weg, was sie vielleicht verstopft, und bitte die Hüterin oder den Hüter deiner inneren Quelle, von nun an aufzupassen und nicht mehr zu erlauben, dass du sie zum Versiegen bringst. Gibt es einen See? Ist er klar und voller Leben? Vielleicht gibt es Tiere, dann lerne sie kennen. Vielleicht brauchst du auch welche, dann bitte sie zu dir. Vielleicht gibt es Wesenheiten, die sich hier aufhalten und wirklich nichts mehr in deiner inneren Landschaft zu suchen haben, dann bitte sie freundlich, aber bestimmt, zu gehen. Das ist dein Körper und damit ausdrücklich dein Königreich. Lasse dir bitte sehr viel Zeit, um dir alles anzuschauen.

Und dann frage dein Körperbewusstsein, ob es dir einen Bereich in deinem Körper zeigen kann, der sich ganz und gar gut, liebevoll und gesund anfühlt. Folge ihn, gehe mit ihm zu diesem Bereich, und schaue dich um. Sieh, wie wunderschön, friedlich und zauberhaft es hier ist, wie kraftvoll und frei sich dieser Bereich anfühlt. Spüre die Liebe, die sich von hier ausbreitet, und bitte darum, dass diese Liebe als Wärme in deinen Körper strömt.

Lasse dir die Selbstheilungskräfte zeigen, lasse dich erleben, wie sie wirken, bitte dein Körperbewusstsein, dir bewusst zu machen, wie wundervoll und voller Liebe dein ganzer Körper ist. Verneige dich vor ihm, und danke ihm für alles, was er für dich tut – und frage ihn, was er braucht.

Nimm dir Zeit, und lasse Heilung geschehen, höre, was dein Körperbewusstsein braucht, und versprich ihm, von nun an auf das zu hören, was es dir sagt.

Diese Reise kannst du immer wieder durchführen, immer anders, je nachdem, welchen Bereich deines Körpers du dir ansehen möchtest.

Schutz für Herz und Körper

Können Sie sich gut abgrenzen? Weil jeder Mensch eine andere Energie verwirklicht und wir uns gegenseitig stören, ist es sehr sinnvoll, zu wissen, wie man sich schützt. Nicht weil wir andauernd angegriffen werden, sondern weil wir unsere eigene innere Stimme nicht hören, wenn die Welt da draußen zu nah und zu laut ist. Wenn Sie z.B. in den schottischen Highlands umherwandern, brauchen Sie sich nicht abzugrenzen, Sie hören Ihr eigenes inneres Lied sehr deutlich. Im Supermarkt aber oder im Großraumbüro ist es ziemlich hilfreich, zu wissen, wie man bei sich selbst bleiben kann. Ich möchte Ihnen zwei Meditationen anbieten, die Sie schützen können.

Die eine Meditation stärkt Ihr Wurzelchakra und Ihre körperlichen Abwehrkräfte. Wir bräuchten viel weniger Schutz, wenn wir nicht so nett wären. Wenn wir unsere natürliche Aggression zulassen und uns unwillig abwenden würden, wenn uns jemand zu nahe tritt, wären wir sicherlich gesünder. Wir sind einerseits ein bisschen zu domestiziert und zu diplomatisch, andererseits aber lässt sich das Leben auf diesem engen Raum nicht anders gestalten – deshalb rufen Sie in dieser Meditation Ihr Krafttier.

Die andere Meditation stärkt Ihr Herzchakra und nährt Ihr Mitgefühl, damit Sie für sich selbst und für andere da sein können, ohne sich selbst zu verlieren, denn das ist es ja, was Sie in Wahrheit wollen.

Dein Schutz-Krafttier

Erlaube dir, deine Augen zu schließen – vor deinem inneren Auge entsteht eine Lichtsäule, ein klarer Lichtspot aus deiner eigenen Seele, der auf die Erde fällt. Du trittst ein in diese Lichtsäule und bist augenblicklich mit all der Energie versorgt, die du in diesem Moment brauchst. Ganz besonders deutlich spürst du deinen Schutzengel, er zeigt dir, auf welche Weise er dich beschützt. Vielleicht spürst du inneren Frieden oder Ruhe, vielleicht Stärke und eine deutliche Verbindung zur Erde – vielleicht eine Hand auf deiner Schulter. Was immer du wahrnimmst, nimm es für WAHR, glaube es, nimm es als deine Realität an.

Du spürst dich selbst immer deutlicher, die Verbindung zur Außenwelt wird immer unwichtiger. Auf einmal zeigt dir dein Schutzengel ein Tor, und du gehst hindurch. »Ich führe dich zu dem Krafttier, das dich beschützt, wenn du es rufst«, sagt er dir, und du befindest dich in einer Landschaft. Es kann ein Dschungel sein, eine Wüstenlandschaft oder etwas anderes. Dein Schutzengel sendet eine Energie, einen Lichtstrahl aus, er ruft dein Krafttier. Dein Schutzengel kann dich natürlich auch allein beschützen, das weißt du. Dein Krafttier aber gibt dir die Energie, die du brauchst, um auch mal die Zähne zeigen oder um Gefahr erkennen zu können. Es schützt dich im Alltag, in den Bereichen, in denen dein Schutzengel vielleicht zu feinstofflich sein könnte. Dein Schutzengel ruft noch einmal – und nun spürst du es deutlich. Etwas hat sich verändert. Ein Krafttier ist anwesend, vielleicht siehst du es, spürst es. Es fliegt, galoppiert, schwimmt oder schreitet auf dich zu, auf einmal ist es da, und du kannst es deutlich erkennen. Vielleicht weißt du auch einfach, dass es da ist. Nun stelle bitte vier Fragen:

»Bist du mein Krafttier?« Schaue, wie es reagiert, wahrscheinlich nickt es, denn der Schutzengel hat es ja gerufen. Frage es nun:

»Was brauchst du?« Vielleicht braucht es einfach nur deine Erlaubnis, zu wirken, vielleicht ist es auch verletzt und braucht Heilung oder etwas zu fressen, ein paar Streicheleinheiten oder es will von seiner Kette befreit werden. Der Schutzengel und du heilt es zusammen und gebt ihm, was es braucht.

Die dritte Frage lautet »Wie beschützt du mich?« Sei ganz offen für alles, vielleicht gibt dir ein Adler Weitblick, vielleicht warnt dich ein gefährliches Krokodil, wenn Gefahr droht, und schlägt die Angreifer in die Flucht, vielleicht hebt ein großer Bär einmal kurz die Pranke, damit du den dir zustehenden Respekt bekommst – dein Schutz-Krafttier kann ganz anders sein als dein dir vielleicht vertrautes Krafttier. Es ist ausdrücklich zu deinem Schutz hier und deshalb sicherlich ziemlich Furcht einflößend oder gebieterisch.

Die vierte Frage ist: »Wie kann ich mich daran erinnern, dich zu rufen?« Dein Krafttier gibt dir nun ein paar Hinweise, vielleicht verspricht es dir, deinen Blick auf ein Bild zu lenken, dir irgendwie zu begegnen, wenn du es brauchst, deine Aufmerksamkeit zu bündeln, vielleicht fällt es dir auch einfach ein, wenn es wirksam werden will.

»Ich bin immer für dich da«, sagt es, »aber ich brauche dafür etwas von dir, das Geschenk deiner Aufmerksamkeit. Ich kann nur wirken, wenn du es erlaubst und wenn du mich rufst. Lasse mich an deiner Seite sein, wenn du das Haus verlässt, wann immer du in für dich anstrengende Situationen hineingehst, und sei es, einkaufen zu gehen. Rufe mich, wenn du das Haus verlässt, als würdest du mit deinem Hund spazieren gehen wollen, und ich bin bei dir.«

Bitte dein Schutz-Krafttier, seine Energie zu erhöhen, damit du seinen Schutz gut spüren kannst, und erlebe, was mit dir geschieht. Fühlst du dich anders, bist du konzentrierter, mehr bei dir? Wenn du magst, dann führe diese Meditation mit einer Freundin oder einem Freund durch, und dann gebt euch gegenseitig Rückmeldung, wie ihr euch mit oder ohne Schutz erlebt. Dann wirst du schnell verstehen, wie sehr du diesen Schutz brauchst …

Verabschiede dich von deinem Krafttier, und bedanke dich bei ihm, gehe mit deinem Schutzengel durch das Tor in die Lichtsäule zurück, verlasse auch diese, oder bleibe da, und komme mit dieser Lichtsäule in den Raum zurück, in dem du dich befindest. Denke von nun an bitte daran, das Schutz-Krafttier zu dir zu rufen, und schaue, wie sich deine Wahrnehmung dadurch verändert und schärft …

Der Mantel des Schutzes

Mache es dir bitte wie immer ganz bequem, schließe deine Augen, und erlaube, dass vor deinem inneren Auge eine Lichtsäule entsteht, ein Lichtkegel, der aus der höchstmöglichen göttlichen Ordnung auf die Erde fällt. Tritt bitte ein in diesen Lichtkegel, in diese Lichtsäule, und erlaube dir, dich zu entspannen. Ganz sachte wirst du angehoben, sehr licht und leicht erhebt dich die Lichtsäule in das Reich der Engel oder der Leichtigkeit, des erhöhten Bewusstseins. Egal ob du an Engel glaubst oder nicht – stelle dir jetzt bitte vor, dass dir der schönste Engel, den du je gesehen hast, einen zauberhaften Mantel gibt. Der Mantel ist ideal für dich, genau richtig, er hat die Farbe, die du liebst, die dich schützt und mit Energie versorgt, außerdem genau die Schwere oder Leichtigkeit, die du brauchst, um dich sicher zu fühlen. Vielleicht ist es ein schwerer, schimmernder und wärmender Samtmantel, vielleicht ein lichter, leichter Seidenumhang, vielleicht auch etwas ganz anderes – es ist dein idealer Schutzmantel.

»Dieser Mantel wartet schon lange auf dich, du brauchst ihn für deine vielfältigen Aufgaben, damit du dich nicht in den Verstrickungen anderer verlierst«, sagt der Engel und legt ihn dir um. Augenblicklich fühlst du dich sicher und geschützt, bist aber gleichzeitig frei und leicht. »Der Mantel ändert sich, je nachdem, was du gerade brauchst«, erklärt dir der Engel, »er kann dir sehr starken Schutz geben, so sehr, dass du von anderen nicht mehr wahrgenommen wirst, er wirkt gegen magische Verstrickungen und gegen dunkle Kräfte der Angst und der Schuld. Er kann dich aber auch sanft umhüllen und deine Farben verstärken, damit du fester und stabiler in deiner Energie verankert bist. Und das Beste an diesem Mantel ist: Du kannst ihn teilen. Wenn du ihn in der Hälfte durchschneidest, wird er immer wieder neu entstehen. Wenn du also jemanden siehst, der Schutz oder Hilfe braucht, dann teile deinen Mantel mit ihm. Seine Hälfte wird genau die Farbe und Form annehmen, die er braucht – und deine Hälfte wird wieder vollständig werden. So kannst du mit deinem Mantel die Welt retten; teile ihn mit denen, die ihn brauchen. Der Mantel passt genau in dein Herz, hier kannst du ihn aufbewahren und immer dann hervorholen, wenn du Schutz und Kraft brauchst.«

Probehalber denkst du an jemanden, der Hilfe braucht, an jemanden, der genau jetzt vor deinem inneren Auge erscheint. Du teilst den Mantel und gibst ihm eine Hälfte – sofort erkennst du, dass er sich sicher und geschützt fühlt, Zeit bekommt, sich zu erholen, sich zu entspannen oder das zu tun, was immer gerade nötig ist, damit er neue Kraft schöpfen kann. Du weißt auch, du kannst einen anderen jederzeit geistig oder, wenn er diesen Mantel kennt, auch verbal um die Hälfte seines Mantels bitten, wenn du dich einmal sehr schutzlos fühlst. Wenn du Kinder hast, dann erzähle ihnen vom dem Mantel und dass er ihnen jederzeit zur Verfügung steht – für sie selbst und für alle anderen, die Schutz brauchen. Du verweilst noch in der Lichtsäule, bist erleichtert und beglückt darüber, einen so wunderschönen Schutzmantel zu besitzen. Nun verstaue ihn in deinem Herzen, oder lasse ihn einfach gleich an, während du in der Lichtsäule langsam wieder nach unten schwebst. Du weißt, die Ebene der Engel und des erhöhten Bewusstseins steht dir jederzeit zur Verfügung, du kannst immer zurückkehren. Und weil du das weißt, fällt es dir jetzt leicht, in die Welt der Formen einzutauchen und den Mantel mitzunehmen. Von nun an hast du deinen idealen Schutz gefunden, du brauchst nur daran zu denken und schon bist du sicher und geborgen.

Neuordnung und Ausrichtung

Fühlen Sie sich orientierungslos, sind Sie aus dem Gleichgewicht geraten? Vielleicht suchen Sie schon länger nach einer neuen Aufgabe oder haben Ihre Work-Life-Balance aus den Augen verloren. Die folgenden Meditationen möchten Ihnen helfen, sich neu zu ordnen. Sie erhalten Klarheit, lassen Ihr inneres Kind spielen und nähren sich bei Mutter Erde. Führen Sie bitte jene Reise durch, die Sie im Moment am meisten anspricht. Genau das ist die Energie, die Ihnen dann hilft, sich neu auszurichten.

Klarheit und Freiheit finden

Wie immer machst du es dir bitte bequem, schließt deine Augen und erlaubst dir, zu träumen. Es gibt nichts mehr zu tun, du darfst voll und ganz deinen inneren Bildern folgen und ganz und gar bei dir sein.

Stelle dir bitte ein Tor vor, das dir heute entspricht, ein stabiles, schmiedeeisernes Tor, ein Tor aus Licht, vielleicht einen Regenbogen – so, wie es dir heute stimmig erscheint. Du trittst durch das Tor hindurch und befindest dich in einer anderen Welt, in einer Welt, in der andere Gesetze herrschen, einer Welt der Leichtigkeit und des Friedens.

Ein großer Adler fliegt herbei, er ist so riesig, dass du dich leicht auf seinen Rücken setzen kannst – vielleicht wirst du auch selbst zum Adler. Der Adler stärkt deine Urteilskraft, während er sich mit dir in die Lüfte erhebt, du spürst bereits jetzt den frischen Wind der Klarheit durch deinen Geist rauschen. Immer höher fliegt ihr, und du beginnst, die Dinge von einer höheren Warte aus zu betrachten. Dein Geist wird freier, alle festgefahrenen Gedankenmuster lösen sich auf, und die Winde der Veränderung und der Freiheit durchströmen dich. Du atmest tief auf, lässt all deine Gedanken, Glaubenssätze und Vorstellungen los und erlaubst deinem Geist, mit dem Adler zu fliegen. Majestätisch und ruhig gleitet der Adler mit dir über das Land und über das Meer, hoch über allen Berggipfeln – hoch über allem, was dich beschäftigt. Du erlaubst dem Geist des Adlers, in dich einzufließen, dich zu berühren oder dir Kraft zu geben und lässt für den Moment alle Anspannungen los.

Auf einmal wird euer Flug wilder, ihr rauscht durch die Lüfte – mitten in ein Gewitter hinein. Du bist vollkommen sicher und geborgen zwischen oder mit den machtvollen Flügeln des Adlers und lässt dich in das Toben des Sturmes, das Zucken der Blitze und das Grollen des Donners hineinfallen. Das Gewitter wirbelt dich völlig durcheinander, du lässt dich tragen und spürst eine Wildheit und eine Lebensfreude, die du vielleicht schon sehr lange nicht mehr erlebt hast. Du kannst dir für einen Moment erlauben, völlig die Kontrolle aufzugeben, weil du dich von den Schwingen der Freiheit und Klarheit getragen weißt. Frei und leicht braust ihr durch die Lüfte, und in dir entsteht Raum für eine neue Klarheit und für neue Sichtweisen.

Irgendwann landet ihr sanft auf einem Berggipfel, und du schaust über das Land. Du erlebst Weite in deinem Geist, in deinem Verstand und in deinem Denken und weißt auf einmal, dass es weitaus größere und umfassendere Möglichkeiten geben wird, als dir im Moment vielleicht bewusst ist.

Bleibe auf dem Berggipfel, und genieße die Weite, genieße die Gesellschaft des Adlers. Irgendwann bringt er dich zurück auf den Boden, doch du weißt, er steht dir mit seiner Freiheit und Weite jederzeit zur Verfügung. Es kann sein, dass du eine gewisse Strenge spürst, und diese Strenge hilft dir, die Dinge klar und ohne romantische Verzauberungen zu sehen. Der Adler schenkt dir Klarheit, entfernt die Illusionen aus deinem Geist und stellt dir einen unbestechlichen Blick zur Verfügung – den unverfälschten Blick auf und hinter die Dinge.

Bedanke dich bei dem Adler, verneige dich vor ihm, wenn du das möchtest, und komme dann mit neuer Klarheit zurück in den Raum, in dem du dich befindest – auch er hat sich verändert. Der Raum mag zwar noch genauso aussehen wie vorhin, doch weil du dich nun in einem anderen Schwingungsfeld befindest, schwingt der Raum nun freier und weiter und bietet dir mehr Offenheit.

Mit Delfinen schwimmen

Durchschreite dein Tor, nachdem du es dir bequem gemacht hast, und rufe die Kräfte des Herzens zu dir.

Wie durch ein Wunder befindest du dich auf einmal in einer beinah märchenhaft anmutenden Unterwasserlandschaft. Du gleitest durch das Meer, das Atmen fällt dir ganz leicht. Du entspannst dich, lässt dich zum Grund des Meeres sinken und ruhst dich aus. Es ist sehr angenehm, im Wasser zu schweben, alle Spannungen fallen von dir ab, und du spürst, wie etwas in dir ins Fließen kommt. Du beginnst zu träumen, und auf einmal ist es, als begegne dir ein kleiner Delfin. Er schwimmt auf dich zu und kommt dir seltsam vertraut vor. Du spürst, wie sich dein Herz zu öffnen beginnt, so, wie dir das heute möglich ist. Der kleine Delfin stupst dich mit seiner Nase an und schmiegt sich an dich – und auf einmal weißt du, er will dich an Unschuld und an deine Verletzlichkeit erinnern. Du streichst über seine Nase und spürst die Glätte seiner Haut. Du fühlst dich tiefer im Herzen berührt, als du es für möglich gehalten hast, einfach so, weil der kleine Delfin bei dir ist. Es ist, als hättest du ihn sehr lange vermisst, obwohl du vielleicht nicht einmal weißt, was dir gefehlt hat. »Ich bin dein inneres Kind«, scheint dir der Delfin zu sagen, es ist wie ein Gedanke in deinem Kopf, der sich sehr klar und wahr anhört. »Ich kommuniziere telepathisch«, fährt der Delfin fort, »und ich bin immer da. Wann immer du den Kontakt zu deinen Gefühlen verlierst, denke an mich, und ich bin da.« Du streichelst den kleinen Delfin, und ihr spielt miteinander, du lässt Luftblasen aufsteigen, und er fängt sie, dann wechselt ihr. Schon lange hast du dich nicht mehr so unbeschwert und frei gefühlt, ihr tobt durch das Wasser und habt sehr viel Spaß miteinander. Auf einmal schwimmen einige große Delfine auf euch zu. Sie nehmen dich in ihre Mitte und tragen dich durch das Wasser, du hältst dich an den Flossen des größten Delfins fest, und gemeinsam gleitet ihr durch die Wogen. Der große Delfin fragt dich, ob du bereit bist, ein Abenteuer zu erleben, und der kleine Delfin stupst dich begeistert an. Du nickst, hältst dich noch mehr fest – der Delfin wird schneller, und ihr braust nur so durch das Wasser. Auf einmal scheint er Anlauf zu nehmen – das Wasser umwirbelt dich immer schneller – ihr durchbrecht die Wasseroberfläche, fliegt durch die Luft und taucht in einem perfekten Bogen wieder ein. Gemeinsam mit all den anderen Delfinen tanzt ihr über das Meer, vollführt Drehungen, Sprünge und lasst euch zurück in die Wellen fallen – noch nie hast du so viel Spaß gehabt, dich so frei gefühlt, die pure Lebenskraft so intensiv erlebt. Der kleine Delfin springt immer an deiner Seite, und du kannst es nicht fassen, dass du ihn jetzt erst kennenlernst.

»Ich möchte bei euch bleiben«, denkst du, und die Delfine nicken ernst. »Du bist bei uns«, antwortet der größte, »hier schwimmt dein inneres Kind, zumindest ein Aspekt von ihm. Wir passen auf und sorgen dafür, dass es unverletzt und glücklich bleibt.« Du verstehst vielleicht nicht ganz genau, was der Delfin meint, aber es fühlt sich sehr gut an, und etwas in dir kommt zur Ruhe.

Du bleibst so lange bei den Delfinen, wie es dir gefällt, und irgendwann entscheidest du dich, aufzutauchen, und sie bringen dich an Land. Du weißt aber, dass du immer und jederzeit zu ihnen zurückkehren kannst – und dein inneres Kind steht sowieso unter ihrem Schutz.

Du kommst in deiner Zeit durch dein Tor zurück und nimmst all die Herzenskraft mit dir. Bedanke dich bei den Delfinen und deinem inneren Kind, und komme mit neuer Ausrichtung zurück in diesen Raum.

Der Reichtum der Erde

Wie immer machst du es dir bequem, durchschreitest dein Tor und machst dich bereit, ein wenig zu träumen. Du befindest dich in einem wunderschönen Wald, er sieht aus, wie du dir einen Märchenwald vorstellst, und es würde dich nicht wundern, wenn auf einmal Elfen, Kobolde und Zwerge vor dir stünden.

Ein großer Baum lädt dich ein, dich anzulehnen und auszuruhen. Du lehnst dich gegen seinen mächtigen, Sicherheit vermittelnden Stamm und schließt die Augen. Sofort durchströmen dich Ruhe und Gelassenheit. »Du bist einen weiten Weg gegangen«, scheinen dir die Blätter und Zweige zuzuraunen, »es wird Zeit, dich ein wenig auszuruhen und neue Kräfte zu sammeln.« Du fühlst dich verstanden, es stimmt, du hast dich sehr angestrengt, hast viel gearbeitet, viel für andere getan oder dein Projekt vorangetrieben. Ob du dabei erfolgreich warst oder nicht, spielt keine Rolle, jetzt und hier ist es an der Zeit, dich zu entspannen. Auf einmal knackt es im Unterholz, du öffnest die Augen – und hältst fasziniert die Luft an. Ein riesiger weißer Hirsch steht vor dir, näher und schöner, als du es dir je hättest träumen lassen. »Komm mit«, nickt er dir zu, und du folgst ihm bereitwillig und beeindruckt. Er leuchtet förmlich vor Kraft und Würde, und du kannst es beinah nicht fassen, wie wunderschön dieser Hirsch ist. Er führt dich zu einem natürlich gewachsenen Torbogen aus Stein, ihr schreitet hindurch, und auf einmal ist es, als hättest du noch einmal eine neue Welt betreten – die Welt hinter der Welt. Die Natur leuchtet vor Lebenskraft und

Gesundheit, du erkennst, dass tatsächlich alles von Licht durchströmt ist, dass es die feste, scheinbar undurchdringliche Materie nicht gibt. Letztlich ist alles Licht.

Ein unendlich gütiges Wesen geht auf dich zu, du kannst nicht genau erkennen, ob es männlich oder weiblich ist. »Ich bin die Hüterin der Erde«, sagt das Wesen und reicht dir ein Füllhorn. Noch nie hast du ein Füllhorn in den Händen gehalten, du wusstest vielleicht nicht einmal, dass es Füllhörner tatsächlich gibt. »Es ist ein magischer Gegenstand«, erklärt dir das Wesen, »und will dich an die Fülle und den Reichtum der Erde erinnern.«

Auf einmal kommt es dir vor, als würdest du alles, was dir die Erde je geschenkt hat, vor deinem inneren Auge sehen, jede Speise, jede Heilpflanze, jeden Stein, das Wasser, das du trinkst, das Brot, das du isst, die Menschen, die du liebst – alles, was du jemals aus dem reichen Schatz der Erde erhalten hast, wird dir bewusst, und du bist überwältigt. Dir wird auch bewusst, was dich das Leben auf der Erde gekostet hat, und du erinnerst dich an deine Verluste. Oft genug hast du gehadert und dich gefragt, was du überhaupt auf dieser Erde zu suchen hast. Das Wesen nickt langsam mit dem Kopf und wird ernst. »Wir wissen, was wir euren Seelen zumuten«, sagt es und legt seine Hand auf deine Stirn. Augenblicklich strömen Frieden und Ruhe in dich ein, du fühlst dich getragen und im Frieden mit dem, was IST. Es ist, wie es ist, und du bist ein Teil davon. Du erkennst Licht und Schatten deines Lebens, Fülle und Abschied, die gegensätzlichen Pole, in denen du dich bewegst, und für diesen Moment ist es gut. Frieden und Gleichmut durchströmen dich, du nimmst das Füllhorn an und verneigst dich vor der Hüterin der Erde. Auch sie verneigt sich vor dir. Unermessliche Liebe zur Erde durchströmt dein Herz, und du möchtest für immer hierbleiben, spürst du vielleicht. Es scheint ein sicherer Ort zu sein. »Du kannst jederzeit wieder zurückkommen, wir sind immer hier, es ist kein anderer Ort, sondern einfach eine andere Dimension. Wie eine Sinfonie aus vielen Stimmen und Instrumenten besteht, so sind auch wir eingewoben in deine Realität, wir sind nur einen Gedanken, einen Bewusstseinssprung weit entfernt. Rufe den weißen Hirsch, und er führt dich augenblicklich zu mir, damit du Trost, Kraft und Frieden findest mit all dem, was ist.«

Du ruhst dich aus, bleibst noch ein wenig bei der Hüterin der Erde, lässt dein Herz mit Frieden erfüllen, deinen Körper nähren und deinen Geist Ruhe finden. Irgendwann bemerkst du, dass deine Aufmerksamkeit wieder in dem Raum angekommen ist, in dem du liegst oder sitzt. Du durchschreitest dein Tor, verabschiedest dich von dem weißen Hirsch und weißt, du kannst ihn jederzeit bitten, dich an den Ort des Friedens zu führen.

2012 – das Tor zur nächsten Dimension durchschreiten

Was ist das für ein »Aufstiegsprozess«, von dem so viele reden? Und was hat er mit Selbstliebe zu tun? Nun, in der neuen Energie brauchen wir uns nicht mehr innerlich zu zerreißen. Die scheinbare Spaltung hört auf, wir können endlich vollkommen harmonisch all unsere Aspekte verwirklichen. Waren wir bislang zwischen »Beruf« und »Berufung« oder »Sex« und »Herz«, »Selbstverwirklichung« oder »Dienst an der Familie« hin und her gerissen, so werden sich die unterschiedlichen Aspekte in der neuen Energie ganz wie von selbst zu einem harmonischen Ganzen zusammenfügen. Oft liebten wir uns deshalb nicht genug, weil wir nicht wussten, wie wir uns selbst in all unseren Anteilen ausdrücken und erfüllen können. Deshalb hier eine Meditation, die Sie in die neue Energie führen wird.

Wir wechseln in dieser Meditation das Bewusstseinsfeld. Wir verlassen die Energie von »Entweder – oder« und finden uns wieder in dem Kraftfeld von »Sowohl – als auch«.

Das Tor zur fünften Dimension

Mache es dir bequem, schließe deine Augen, es gibt nichts mehr zu tun. Du brauchst niemandem zu gefallen, sei ganz und gar bei dir, und erlaube dir, zu sein, wie du bist.

Deutlich spürst du deine innere Zerrissenheit, die Bereiche, die ins Stocken geraten sind, du spürst dein Unwohlsein und deine Ratlosigkeit. Du spürst, in welchen Körperbereichen sich diese Zerrissenheit spiegelt und atmest ruhig und entspannt hinein. Sende all deine Liebe und dein Mitgefühl in diese Bereiche, sie können nichts dafür, sie hängen einfach noch in der alten Energie fest und glauben, mit den alten, längst überholten Werkzeugen der Wertung, der Trennung und des Abschneidens Lösungen finden zu müssen. Du glaubst vielleicht, dich entscheiden zu müssen, du weißt nicht, wie du dein Leben leben kannst, ohne andere zu verletzen oder zu verlassen. Spüre den Überdruss, die Angst und all die alte noch wirkende Energie.

Nun bitte deine Schutzengel, die geistigen Führer und Lehrer, besonders aber die Hüter und Begleiter deines Aufstiegsprozesses hinzu. Stelle dir nun bitte vor, du stehst vor einem riesigen Tor aus reinem, goldenem Licht. Es gibt einen Hüter, einen Wächter, der entscheidet, ob du schon bereit bist, dieses Tor zu durchschreiten. Du stehst also vor dem Tor, und auf einmal spürst du, es ist Zeit, die alten Werkzeuge und Ideen, die alten Verstrickungen und Situationen hinter dir zu lassen. Du weißt nicht, wie, aber das brauchst du auch gar nicht, du stehst vor einem Dimensionstor, und dir ist die besondere Heiligkeit des Augenblickes sehr bewusst. Der Hüter befreit dich von allem, was dich noch daran hindert, das Tor zu durchschreiten, die Hüter deines Aufstieges sind da und machen dir all das bewusst, was du noch verstehen musst, um wirklich die Dimension wechseln zu können. Womöglich weißt du nicht einmal, was das heißt, aber du spürst, du brauchst es, und es ist richtig und gut so.

Du erkennst, in welchen Bereichen du dich noch im Energiefeld der Wertungen und Unterscheidungen in Gut und Böse, Schwarz und Weiß aufhältst – oder du erkennst es nicht, weil es nicht mehr wichtig ist. Lasse es sein, wie es ist. Wenn dein Verstand keine Informationen mehr braucht, dann mag es dir erscheinen, als befändest du dich im Nebel, das ist vollkommen in Ordnung. Dadurch kannst du es wirklich loslassen und gerätst nicht in Gefahr, mit dem Wächter zu diskutieren. Er befreit dich von allem, was noch irgendwie in der alten Energie verhaftet ist – und auf einmal kannst du loslassen. Auf einmal ist es, als schwebtest du durch dieses Tor hindurch, vielleicht machst du auch einen großen Schritt oder befindest dich auf einmal auf der anderen Seite. Hier ist es licht, weit und frei. Die inneren Gegensätze lösen sich in Frieden auf, weil sich dein Bewusstsein so sehr erweitert, dass alles Platz findet. Die Dinge ordnen sich ganz neu, und alle Impulse, alle Energien, alles, was dich bewegt und was dir wichtig ist, findet einen ganz neuen Platz in deinem Inneren – einen Platz, an dem es dich bereichert und nährt, nicht mehr stört. Die neue Dimension ist weit, licht und frei und bietet Raum für alles, was in dir lebt. Du brauchst dich nicht mehr zu entscheiden, denn die Dinge dürfen gleichzeitig existieren. Stelle dir vor, du hast fünfzig verschiedene Zutaten und sollst daraus einen Kuchen backen – in der alten Dimension passen die Zutaten nicht zueinander, es gibt einfach keinen Kuchen, der all diese Bestandteile auf eine harmonische Weise vereint. Du backst zwei, drei oder vier und weißt nicht, welcher dieser Kuchen nun der richtige ist, weil sie alle zu dir gehören, sich aber widersprechen. In der neuen Dimension erhältst du auf einmal das Rezept, mit dem all deine Zutaten, so unterschiedlich sie auch sein mögen, auf eine ganz neue, nie gekannte harmonische Weise zusammengefügt werden und ein in sich stimmiges und überaus köstliches Ganzes ergeben. Darauf wärst du in der alten Frequenz nie gekommen, weil es dort den Raum dafür gar nicht gab. Willkommen in der fünften Dimension der Liebe, der Freiheit, der Freude und der Fülle! Hier lernst du, alles zu sein, was du bist, du brauchst dich nicht mehr selbst in kleine Päckchen zu verpacken, weil du nicht weißt, wie du mit dir selbst im Frieden leben kannst, wenn du alle Impulse gelten lässt – hier sind all deine Impulse ein Geschenk für die anderen, du wirst größer, weiter, viel freier und lichtvoller. Bleibe in diesem Raum, und komme in deiner Zeit in die Welt der Formen zurück – sie hat sich verändert. Sie mag noch genauso aussehen, aber du hast die Frequenz gewechselt.

Willkommen in der Dimension der Freiheit und der Fülle!

Willst du glücklich sein im Leben ...

... trage bei zu anderer Glück, denn die Freude, die wir geben, kehrt ins eigne Herz zurück ... Kennen Sie diesen Albumspruch? Wie erfüllend ist es, wenn das, was wir am liebsten tun und geben, andere glücklich macht – und wie sehr schmerzt es, wenn keiner haben will, was durch uns zur Erde kommen möchte.

In der nächsten Meditation gebe ich Ihnen einen Glücksspender, der nicht nur dafür sorgt, dass Sie selbst glücklich werden, sondern der vor allem die Menschen und Gelegenheiten anzieht, die durch das, was Sie zu geben haben, glücklich werden. »Aber«, mögen Sie sich fragen, »versuche ich nicht schon genug, andere glücklich zu machen?« Ganz sicher tun Sie das, und sicher strengen Sie sich oft sehr dafür an. Hier aber geht es um etwas anderes. Stellen Sie sich vor, jemand kommt zu Ihnen und sagt Ihnen, dass ihn das, was Sie am liebsten tun, das, was Sie sind, das, was Sie selbst ganz leicht und selbstverständlich zu geben haben, zutiefst erfüllt – sind Sie dann glücklich? Natürlich sind Sie das, denn Sie können tun, was Sie am liebsten tun und bekommen dafür das, was Sie am meisten erfüllt – andere durch Ihre Energie glücklich zu sehen. Wir brauchen niemanden, der uns glücklich macht. Wir brauchen jemanden, den WIR glücklich machen können, indem er nimmt, was wir sind und was wir geben können. Unser Unglück kommt ja nur daher, dass niemand haben will, was durch uns zur Erde kommen möchte, sei es beruflich, sei es privat, sei es sexuell gesehen, sei es die spirituelle Bestimmung oder was auch immer. Haben wir bislang Mangel und Schwere angezogen, so bekommen wir jetzt endlich das Werkzeug, mit dem wir Glück in unser Leben ziehen können. Ich sage ausdrücklich Glück – nicht Fülle, Leichtigkeit oder Liebe, sondern das pure, goldene, reine Glück.

Die zweite Meditation schenkt Ihnen einen Magneten, mit dem Sie anziehen können, was zu Ihnen gehört, aber auch alles abstoßen können, was Ihnen nicht mehr dient.

Und am Ende, in der letzten Meditation, betreten wir den Raum, in dem wir ganz wie von selbst die Kraft der Selbstliebe finden und sie in all unsere Angelegenheiten fließen lassen können.

Der Glücksspender

So mache es dir bitte bequem, entspanne dich auf eine für dich gute und einfache Weise, und bitte dein Krafttier und deine Schutzengel zu dir in den Raum. Sie sind sowieso da, aber durch deine Bitte werden sie dir bewusster, und du öffnest deine Kanäle für ihre Energien.

Nun stelle dir bitte ein Tor vor, das dich in genau jenen energetischen Raum oder in jenes deiner Chakren führt, in dem du mehr Glück schenken und dadurch mehr erleben willst. Frage nicht, welcher Raum oder welches Chakra das ist, gehe durch das Tor, und sieh, wohin es dich führt. Es ist nicht wichtig, dass du erkennst, wo du dich befindest, erlaube dir einfach, die Energien zu spüren, die hier wirksam sind. Du weißt womöglich nicht, in welchen Bereichen du den Glücksspender brauchst, weil du wie wir alle manchmal die Ebenen verwechselst.

Tritt ein in das Energiefeld, das sich zeigt. Vielleicht spürst du auf körperlicher Ebene, wo du dich befindest, vielleicht weißt du es einfach, es spielt wirklich keine Rolle. Manchmal ist es sinnvoller, die Prozesse nicht allzu genau zu beobachten, damit sie durch unsere Beobachtung nicht gestört werden.

Nun zeigt sich dir symbolisch oder auf eine andere Weise, welche Energie bislang in diesem Raum gewirkt hat. Vielleicht nimmst du einen schweren schwarzen Stein als Ausdruck von Schwere und Anstrengung wahr. Vielleicht erkennst du ein rostiges Gebilde als Fessel oder Rüstung, vielleicht herrscht einfach Leere. Vielleicht wirken viele Energien durcheinander, oder der Raum ist neutral – lasse es sein, wie es ist, nimm es nur wahr.

Nun bitte deine Engel, die Krafttiere oder die Kräfte deines Vertrauens, dir einen Glücksspender zu schenken und in diesem Raum wirksam werden zu lassen. Bekräftige und spüre ganz deutlich, dass dieser Glücksspender tatsächlich Glück verströmen soll und darf, er nährt dich, aber auch alle anderen, die mit dir in Kontakt kommen. Er sendet aus und gibt, wirkt nicht wie ein Magnet, sondern wie ein Sender. Und nun schaue und spüre, was geschieht. Es kann sein, dass du dich auf der Stelle voller, energiereicher fühlst, vielleicht wirst du auch ganz ruhig und erlebst dich selbst im Frieden mit allem, was ist. Es ist, wie es ist, lasse dir ein Symbol zeigen, oder fühle, was sich verändert, und nimm dir Raum, es zu spüren. Sage deinem Verstand, er soll dir erlauben, erst einmal zu fühlen, was sich verändert; verstehen kannst du es erst wirklich, wenn du es erlebst. Natürlich kannst du auch darum bitten, dass dieser Glücksspender in jede Zelle einfließt und wirksam wird; es ist aber auch sehr sinnvoll, den Räumen, in denen er gebraucht wird, zu erlauben, sich selbst zu zeigen. Bleibe nun noch ein wenig in der Ruhe, und erlaube den Energien, zu wirken und dein Bewusstsein zu verändern. Wolltest du bisher vielleicht immer Energien anziehen, so nimm nun wahr, wie erfüllend es ist, Glück auszusenden. Kehre in deiner Zeit durch dein Tor zurück in die Welt deines alltäglichen Bewusstseins – und erkenne, dass sie sich verändert hat. Weil du ein neues Bewusstsein erhalten hast, verändert sich ganz wie von selbst auch deine äußere Umgebung.

Sie können diese kurze Meditation gezielt für jedes Ihrer Chakren durchführen, außerdem für all die Bereiche Ihres Lebens, in denen Sie Glück schenken und dadurch erfüllter leben möchten.

Der Herzmagnet

Ich weiß, es gibt ein Buch mit einem ähnlichen Titel, ich habe es ganz bewusst nicht gelesen und hoffe, dass ich nicht unbewusst Ähnliches schreibe … Ich möchte Ihnen dennoch diese Meditation anbieten. Sie ist ganz einfach, und Sie können sie jederzeit durchführen. Wenn Sie Kinder haben, dann geben Sie ihnen doch bitte diese Meditation weiter …

Mache es dir bequem, schließe deine Augen, und richte deine Aufmerksamkeit bitte auf dein Herz. Stelle dir vor, es gäbe in deinem Herzen einen Magneten oder einen Kristall, der jetzt, in diesem Moment, neu aufgeladen wird. Er wird neu ausgerichtet, neu gepolt, an deinen Seelenplan, deine Bestimmung und deine tiefsten Wünsche und Sehnsüchte angepasst. Wenn du erkennst, dass dir dieser Magnet oder Kristall im Herzen bisher gar nicht zur Verfügung stand, dann wird er genau jetzt in dein Herz eingesetzt. Vielleicht ist er verschmutzt, dann wird er gereinigt – oder es wird Zeit für einen neuen Magneten, weil deine alten Wünsche und Bedürfnisse nicht mehr zu deiner neuen Energie passen. Was immer geschehen will, du bekommst jetzt genau den Magneten, der für dich gut ist und dich mit der Energie in Kontakt bringt, die du brauchst.

Ein Magnet zieht an, was zu ihm gehört und stößt ab, was seiner Energie nicht entspricht – und dieser Prozess beginnt jetzt. Du spürst auf einmal ganz deutlich, eben weil der Magnet in deinem Herzen so stark ist, was zu dir gehört, aber auch, welche Energien dein Leben verlassen müssen. Entspanne dich mehr und mehr, alle Arbeit wird der Magnet für dich erledigen. Es gibt für dich selbst nichts zu tun, erlaube dem Magneten, zu wirken und die Energien anzuziehen, die zu dir gehören, seien es deine eigenen Seelenkräfte, seien es Menschen, Ereignisse, Gelegenheiten oder verlorene Aspekte. Gleichermaßen stößt der Magnet ganz von selbst alles ab, was nicht deiner Energie entspricht, es strömt und fließt aus dir heraus, dahin, wo es eben hingehört. Du brauchst dich nicht darum zu kümmern, der Herzmagnet macht das für dich. Alle Energien, die nicht oder nicht mehr zu dir gehören, verlassen ganz leicht und wie von selbst dein System, du brauchst wirklich nichts zu tun, es geschieht ganz von allein.

Wann immer du willst, kannst du ganz bewusst diesen Magneten aktivieren und dafür sorgen, dass alles, was zu dir gehört, auch zu dir strömt und dass alles, was nicht zu dir gehört, dein System verlässt.

Übrigens:

Nicht nur in deinem Herzen befindet sich ein solcher Magnet … Schaue mal in dein Sexual- oder in jedes andere Chakra – überall findet du diese Kristalle, und sie ziehen an, was zu dir gehört und stoßen ab, was nicht zu dir gehört. Lasse sie einfach wirken, aktiviere bewusst den Bereich, in dem du Klarheit und neue Energien brauchst. Reinige die Magnete, lasse dir bei Bedarf neue einsetzen, und dann lasse sie wirken. Mehr gibt es nicht zu tun.

Der Raum der Selbstliebe

Lasse los, es gibt nichts mehr zu tun, entspanne dich, und erlaube auch deinem Körper, zur Ruhe zu kommen. Dein Gesicht entspannt sich, dein Nacken und deine Wirbelsäule werden locker und frei, deine Beine liegen schwer auf der Unterlage. Mehr und mehr kommst du zur Ruhe.

Stelle dir bitte ein Tor vor, ein Tor in eine andere Welt, ein Tor, das dich in einen ganz besonderen Raum führt. Du kennst diesen Raum vielleicht noch nicht, aber du entscheidest dich, durch das Tor hindurchzuschreiten. Vielleicht bist du begleitet von deinem Krafttier oder deinem Schutzgeist, vielleicht bist du auch allein, es ist gut so, wie es ist. Du durchschreitest also dieses Tor und befindest dich auf einmal in einem energetischen Raum – einer Kapelle, einer Naturlandschaft oder einfach einem Kraftfeld – und du weißt, du befindest dich mitten in deinem eigenen Herzen. Es ist jener Teil deines Herzens, in dem deine Selbstliebe ganz selbstverständlich fließt und aktiviert ist. Es gibt nichts zu tun in diesem Raum, hier bist du im Energiefeld deiner Selbstliebe, es ist alles da. Du brauchst dich nur auszuruhen und diese immense Kraft anzunehmen. Es gibt in diesem Raum einen ganz besonders hell leuchtenden Strahl, einen Kristall, ein Feuer oder ein Licht. Du gehst achtsam zu diesem Licht hin, so weit, wie es sich für dich gut anfühlt. Möglicherweise ist es für heute ein wenig zu stark, dann halte dich am Rande auf, es kann aber auch sein, dass du so schnell wie möglich mitten hineintreten möchtest. Dann tritt ein in das Feuer, in das Licht, verbinde dich mit dem Kristall, oder verschmilz mit ihm, so, wie es für dich richtig ist. Lasse dich voll und ganz von der Kraft deiner Selbstliebe durchströmen, deinen Emotionalkörper, deine Gedanken und auch deinen physischen Körper. Sie alle brauchen dringend die Frequenz deiner Selbstliebe. Während du in dem Strahl stehst, kannst du dich voll und ganz sein lassen, wie du bist, du kannst dich voller Liebe und Klarheit selbst erkennen. Gerade weil du dich voller Liebe selbst erkennen kannst, wird dir nun auch klar, in welchen Bereichen deines Lebens du dich dir selbst gegenüber noch ein wenig netter und verantwortungsbewusster verhalten kannst, dir wird klar, wo du die Beziehung zu dir selbst noch ein wenig liebevoller gestalten darfst. Es können vollkommen pragmatische Dinge wie deine Ernährung oder die Farben, die du anziehst, sein, vielleicht aber brauchst du eine umfassend andere Sichtweise deiner selbst. In diesem Raum weißt du genau, was zu tun und zu lassen ist. Du lässt alle Ideen darüber, wie du sein solltest und was richtig und falsch sein könnte, los, du erlaubst deiner Selbstliebe voll und ganz, dir zu zeigen, was für dich und nur für dich richtig ist, selbst wenn es für jeden anderen Menschen dieses Planeten anders sein könnte. Es ist, wie es ist, und in diesem Raum der Selbstliebe geschieht die Veränderung von ganz allein. Es gibt nichts zu tun, die Liebe ist schon da, du erlaubst ihr einfach nur, zu wirken. Liebe ist die stärkste Kraft im Universum, denn sie spiegelt die göttliche Ordnung. So erlaube nun, dass du erkennst, auf welche Weise dein Leben in Ordnung gebracht werden will und was es für dich dabei zu tun oder zu lassen gibt. Denke an eine schwierige Situation deines Lebens, und sieh sie mit den Augen der Selbstliebe – sofort erkennst du, auf welche Weise diese Liebe in die Tat umgesetzt werden will und kann. Es mag sein, dass dich das sehr viel Kraft kostet, und sicher musst du deine Angst oder deine Scham überwinden. Aber der Strahl der Selbstliebe trägt dich darüber hinweg. In diesem Strahl der Selbstliebe schöpfst du die Kraft, die Veränderungen in die Tat umzusetzen, und du versprichst dir selbst, für dich da zu sein und zu tun, was dir dein Herz nahelegt.

Bleibe in diesem Raum, erhole dich, schöpfe Kraft, so lange du willst. Wenn du einschlafen möchtest, dann tue das, ansonsten wirst du mit deiner Aufmerksamkeit ganz von alleine in der für dich stimmigen Zeit wieder zurückkommen. Den Raum deiner Selbstliebe kannst du jederzeit aufsuchen, das kann ganz rasch gehen, stelle dir nur das Tor vor, und tritt hindurch – vielleicht sogar mit einem richtigen, physisch ausgeführten Schritt. Sofort bist du im Raum der Selbstliebe und kannst von hier aus fühlen, erkennen und agieren.

Ich wünsche Ihnen sehr viel Spaß und Freude beim Lesen, beim Reisen und beim Lehren anderer. Mögen Ihnen diese Reisen Ihre Liebe zu sich selbst, zur Schöpfung und zu allem, was IST, nahebringen und Ihnen Trost und Aufmunterung schenken, wann immer Sie sie brauchen.

Seien Sie selbst und alles, was Sie berühren, gesegnet.

In Liebe,
Ihre Susanne

Ebenfalls erschienen im Schirner Verlag www.schirner.com

Susanne Hühn
Die Heilung des inneren Kindes.
Sieben Schritte zur Befreiung des Selbst
256 Seiten
ISBN 978-3-89767-337-3

Dieses Buch zeigt Ihnen Wege, wie Sie Ihr eigenes inneres Kind kennen- und verstehen lernen und so bewusster und handlungsfähiger werden. Susanne Hühn beschreibt die verschiedenen Formen der emotionalen Verletzung und stellt Lebensregeln vor, die das innere Kind Schritt für Schritt heiler werden lassen.

Susanne Hühn
Die Heilung des inneren Kindes.
Sich im Herzen berühren lassen
49 Karten mit Booklet (64 Seiten)
ISBN 978-3-89767-848-4

Die Karten ermöglichen Ihnen, Ihr inneres Kind im Alltag bewusst zu erleben. Die »Ich-darf«- und »Ich-kann«-Botschaften werden Ihre innere Wirklichkeit verändern. Nutzen Sie die Botschaften Ihres inneren Kindes als Kraftquelle, um Mut und Selbstvertrauen zu gewinnen.

Susanne Hühn
Die Heilung des inneren Kindes.
Die Meditationen
Audio-CDs, Spielzeit: 76:36 und 75:37 Minuten
ISBN 978-3-89767-854-5

Susanne Hühn leitet Sie auf diesen CDs durch verschiedene Meditationen und schamanische Reisen zu den Wurzeln Ihrer Unsicherheiten und zur Heilung und Auflösung der alten Verletzungen.

Susanne Hühn
Spiritueller Schutz im Alltag.
16 kleine Übungen für die Seele
96 Seiten
ISBN 978-3-8434-5003-4

Susanne Hühn stellt Ihnen in diesem Büchlein 16 bewährte kleine Übungen zu Schutz und Reinigung vor, mit denen Sie in vielen alltäglichen Situationen gut für sich sorgen können. Lassen Sie erfüllende und beglückende Energien in Ihr Leben.

Susanne Hühn
Spiritueller Schutz im Alltag.
Geführte Meditationen
Audio-CD, Spielzeit: 58:32 Minuten
ISBN 978-3-89767-856-9

Diese CD enthält kurze, aber hochwirksame und bewährte Rituale und Methoden, mit denen Sie sich im Alltag spirituell schützen können.

Susanne Hühn
Frei von allen Sorgen.
In 3 Schritten zum Glück
96 Seiten
ISBN 978-3-89767-846-0

In diesem Buch erfahren Sie, wie Sie all Ihre Energien bündeln und durch eine einfache tägliche Handlung dazu beitragen können, dass sich Ihre Ziele erfüllen. In drei Schritten macht Ihnen die vorgestellte Methode bewusst, was Sie in Bezug auf Ihren Wunsch fühlen, was Sie wirklich wollen und wie bereit Sie sind, jeden Tag ein kleines Ritual für seine Erfüllung auszuführen. Viele Fallbeispiele machen Ihnen Mut, sich Ihrer eigenen Schöpferkraft anzuvertrauen.

Susanne Hühn
Traumreisen.
Phantasiereisen zu Oasen der Stille
144 Seiten
ISBN 978-3-8434-4465-1

Susanne Hühn zeigt Ihnen in diesem Buch erprobte und leicht zu erlernende innere Bilder und Meditationen, die Sie im ganz normalen Alltag anwenden können. Gelassenheit, Ruhe, einen inneren sicheren Schutzraum – hier finden Sie alles, was Sie brauchen, um in nahezu jeder emotionalen Situation mit Kraft und Frieden versorgt zu sein

Susanne Hühn
Wie dein Schutzengel dich führt.
Meditationen für Kinder
120 Seiten
ISBN 978-3-89767-445-5

Wenn Sie nicht mehr wissen, was Sie Ihrem Kind noch vorlesen sollen, wenn Sie eine spirituelle Hausapotheke brauchen, oder wenn Sie einfach nur ein bisschen mehr liebevolle Zeit mit Ihrem Kind verbringen wollen – diese Meditationen sind so liebevoll und leicht geschrieben, dass Ihr Kind sie bestimmt lieben wird. Es lernt seinen Schutzengel kennen, und es bekommt Wege gezeigt, sich in schwierigen Situationen spirituell und emotional selbst zu helfen. Schutz, Heilung und Leichtigkeit, Entspannung und Spaß – welches Bedürfnis Ihr Kind auch immer gerade hat, in diesem Buch finden Sie die passende Fantasiereise. Alle Meditationen sind von Kindern erprobt und für gut befunden worden.

Susanne Hühn
Meditationen anleiten und führen.
Ein Handbuch für die Praxis
264 Seiten
ISBN 978-3-89767-367-0

Auf ihrer langjährigen Erfahrung als Meditationslehrerin aufbauend zeigt Susanne Hühn Ihnen in diesem Buch, wie Sie eine Meditation Schritt für Schritt planen und umsetzen. Die Autorin gibt zahlreiche Tipps, stellt klar, auf welche non-verbalen Hinweise ein Meditationsgruppenleiter bei seinen Schülern achten sollte, warnt vor etwaigen Missverständnissen oder möglichen Konfliktpunkten innerhalb der Gruppe und rundet das Ganze mit einigen ihrer beliebtesten Meditationen ab. Kurz gesagt: ein Buch für alle, die ihre persönlichen Erfahrungen, die sie in ihren Meditationen gemacht haben, in Visionen und heilende Bilder umsetzen und so an andere weitergeben möchten.

Susanne Hühn
Was dir Kraft gibt.
Kleine Rituale für das tägliche Glück
288 Seiten
ISBN 978-3-8434-4698-3

Haben Sie manchmal das Gefühl, die ganze Welt saugt Energie aus Ihnen heraus, jeder in Ihrer Umgebung zerrt und zieht an Ihnen, will Ihre Aufmerksamkeit, Ihre Zeit, Ihr Geld? Und dann wundern Sie sich, dass Sie völlig erschöpft sind? Wollen Sie das wirklich noch länger zulassen? In diesem Buch zeigt Ihnen Susanne Hühn ganz unterschiedliche Wege, wie Sie Ihre Kraft wiedergewinnen können – denn Ihre Lebensenergie ist ein Geschenk und nichts, worauf ein anderer ein Recht hat.

Susanne Hühn
Die kleine wilde Frau
200 Seiten
ISBN 978-3-89767-366-3

Wer kennt sie nicht, diese Situationen, in denen wir – lieb, und angepasst, wie wir nun einmal sind, zu allem »Ja« sagen, obwohl wir eigentlich »Nein« schreien sollten? In denen wir nicht auf unser Gefühl, unsere Intuition hören und jene Frage völlig ignorieren, die sich uns eigentlich permanent stellen sollte: »Will ich das überhaupt?« Dieses Buch will dabei helfen, dieser WILDEN FRAU in uns mehr und mehr das Kommando zu übergeben. Mit konkreten Beispielen aus dem Alltag sowie Meditationen, Visualisierungsübungen und zahlreichen Märchen veranschaulicht Susanne Hühn, wie man dieser ursprünglichen, intuitiven Weiblichkeit Raum und Gehör verschaffen kann.

Susanne Hühn
Ich lasse DEINES bei dir.
Co-Abhängigkeit erkennen und lösen
232 Seiten
ISBN 978-3-89767-870-5

Kümmern Sie sich lieber um die Probleme anderer als um Ihre eigenen Wünsche und Bedürfnisse? Können Sie nicht Nein sagen? Trifft dies auf sie zu, dann sind Sie wahrscheinlich co-abhängig. Susanne Hühn erklärt Ihnen zunächst, was genau die Co-Abhängigkeit ist und woran Sie erkennen, dass Sie davon betroffen sind. Dann zeigt sie Ihnen in zwölf Schritten, wie Sie Ihr co-abhängiges Verhalten ablegen, Ihre Selbstbestimmung zurückgewinnen und in jedem Moment Ihren Impulsen folgen können. Es geht darum, für sich selbst zu sorgen sowie die Grenze zwischen Kontrolle und Fürsorge zu finden und einzuhalten.

Besuchen Sie Susanne Hühn auf ihrer Website:

www.susannehuehn.de